2025 国家统一法律职业资格考试

百日通关攻略

BAIRI TONGGUAN GONGLÜE

三 国 法

嗨学法考 组编　　　庚欣 编著

中国农业出版社
北 京

图书在版编目（CIP）数据

国家统一法律职业资格考试·百日通关攻略. 三国法 / 嗨学法考组编；庚欣编著. -- 北京 : 中国农业出版社, 2024. 9. -- ISBN 978-7-109-32497-8

Ⅰ. D92

中国国家版本馆CIP数据核字第2024QR3762号

国家统一法律职业资格考试·百日通关攻略·三国法

GUOJIA TONGYI FALÜ ZHIYE ZIGE KAOSHI · BAIRI TONGGUAN GONGLÜE · SANGUOFA

中国农业出版社出版

地址：北京市朝阳区麦子店街18号楼

邮编：100125

责任编辑：李昕昱

文字编辑：陈亚芳

责任校对：吴丽婷

印刷：正德印务（天津）有限公司

版次：2024年9月第1版

印次：2024年9月第1次印刷

发行：新华书店北京发行所

开本：787mm×1092mm　1/16

总印张：89.5

总字数：2233千字

总定价：298.00元（全8册）

使用指南

第一次使用本书的同学们，请花几分钟阅读本页，了解如何最大限度地使用这本书。另外，本书的权益是配套课程及题库，扫码即可获取8位作者的240小时配套精讲课程及章节精练3500题。同学们可以对着本书，听课、练习！

知识点 »
这里是高频考察的知识点，须仔细阅读，如未完全理解可立即听课加深理解。

图表 »
简洁明了的表格，提炼考点的关键信息，方便你对比记忆。

例 »
举例子，方便你更易读懂重要知识点。

题 »
精选与章节知识点相结合念的题，助你及时检验学习成果，查漏补缺。

注意 »
关键信息提示，加深理解，避免忽视重点信息。

考点
掌握主要知识点，让学习目标更明确。

文字
双色突出重点，助你快速识别知识要点。

解析
深化解题思路，掌握解题技巧。

☀ 知识点

一、自然人的民事权利能力

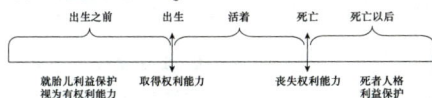

出生之前	出生	活着	死亡	死亡以后
就胎儿利益保护视为有权利能力	取得权利能力		丧失权利能力	死者人格利益保护

1.信用证欺诈的种类		（1）开立假信用证；（2）"软条款"信用证，即以信用证附加条件等方式加重受益人（卖方）风险；（3）伪造单据；（4）以保函换取与信用证相符的提单；（5）受益人（卖方）恶意不交货或交付的货物无价值等。
2.信用证欺诈例外（止付信用证项下款项）	（1）止付条件	①必须由有管辖权的法院审理判决终止支付信用证项下款项。②申请人须提供证据材料证明有信用证欺诈情形。③不中止支付将会使申请人合法权益遭到难以弥补的损失。④申请人提供可行、充分的担保。
	（2）禁止止付情形	若存在如下情形，则不能再通过司法手段干预信用证下款项的付款：①开证行的指定人、授权人已按照开证行的指令善意地进行了付款或承兑；②保兑行善意地履行了付款义务；③议付行善意地进行了议付。

例 甲死亡时，父亲早已去世，留有母亲和怀孕的妻子，B超检查为宫内单胎。甲留有遗产30万元，在分割遗产时，视为胎儿有权利能力，参与继承。若胎儿出生为死体，则其民事权利能力自始不存在，甲的遗产由甲的继承人（甲妻和甲母）继承（每人各得二分之一）。若胎儿出生时为活体随即死亡（先活后死），则甲的遗产先被出生的婴儿、甲妻、甲母继承（该婴儿、甲妻、甲母各得三分之一），该婴儿死亡后其所得遗产再被其继承人（甲的妻子）继承，此时甲的妻子得三分之二（甲母得三分之一）。

[考点练习]
根据《民事诉讼法》和有关司法解释的规定，以下哪种证据，当事人无权申请法院责令对方当事人提交？
A. 书证　　　　　　B. 物证
C. 视听资料　　　　D. 电子数据
答案：B
解析：根据《民事证据规定》，目前三类证据都可以申请文书提出命令：书证、视听资料、电子数据。在德日等大陆法系国家，有关书证的规则也适用于视听资料和电子数据，《民事证据规定》第99条作了同样的规定；关于书证的规定适用于视听资料、电子数据。

🔍 注意 法是统治阶级意志的体现，并不意味着统治阶级的意志就是法。统治阶级的意志只有经过国家机关被上升为国家意志、被客观化正式化为具体规定才能成为法。统治阶级意志也可能表现为政策等。

未完待续……

·课 程 使 用 指 导·

仅需一键扫码，就可领取与图书完全配套的精讲课程。段波、张宇琛等8位作者在等你哦！

扫码获取
配套课程及题库

step 1

点击学习——在这里找到2025考季百日通关课程，点击进入。

我的课程 法律职业资格考试 >

2025百日通关图书配课
2025.12.31过期　去学习>

学习

step 2

点击课程——在这里可以看到8大科目并可随意切换，选定相应科目后，点击学习即可听课。

课程　资料

刑法　刑诉　民法　民诉　行政法

2025考季

知识精讲

精学讲师　　　　继续学习

step 3

点击题库——在这里切换做题模式。

点击客观题——在这里可以切换"客观题"和"主观题"两种考试形式，选定科目后即可看到相应的章节精练。

数字化题库记录你的做题数据、错题集、收藏夹、练习历史，方便查漏补缺。

客观题▾

刑法　刑诉　民法　民诉　行政法　商经法

做题数据　错题集　收藏夹　练习历史

章节精练
191/531题　57%

每日一题

连对挑战　智能做题

易错题库
已刷0道题

高频考点
已刷0考点

历年真题
已做1套/共52套

模拟测试
已做0套/共112套

复习　学习　题库　我的

目 录

国际经济法

第一章　国际货物买卖法 ·· 2

    第一节　《国际贸易术语解释通则》 ···································· 2

    第二节　《联合国国际货物销售合同公约》（CISG） ·············· 4

第二章　国际货物运输与保险 ·· 7

    第一节　国际货物运输 ·· 7

    第二节　国际货物运输保险 ··· 9

第三章　国际贸易支付 ··· 11

第四章　对外贸易管理制度 ··· 14

第五章　世界贸易组织 ··· 17

第六章　国际经济法领域的其他法律制度 ······························· 20

    第一节　国际知识产权法 ··· 20

    第二节　国际投资法 ·· 22

    第三节　国际融资法 ·· 24

    第四节　国际税法 ·· 25

国际私法

第一章　国际私法的基本问题 ·· 28

第二章　国际民商事关系的法律适用 ·· 32

第三章　国际民商事争议的解决 ………………………………………… 40
　第一节　国际商事仲裁 ………………………………………………… 40
　第二节　国际民事诉讼 ………………………………………………… 42
第四章　区际司法协助 …………………………………………………… 46

国际法

第一章　导论 ……………………………………………………………… 52

第二章　国际法的主体与国际法律责任 ………………………………… 54

第三章　国际法上的空间划分 …………………………………………… 59
　第一节　国家领土 ……………………………………………………… 59
　第二节　海洋法 ………………………………………………………… 61
　第三节　国际航空法、外层空间法与国际环境保护法 ……………… 65

第四章　国际法上的个人 ………………………………………………… 67

第五章　外交关系和领事关系法 ………………………………………… 71

第六章　条约法 …………………………………………………………… 74

第七章　国际争端的和平解决 …………………………………………… 76

第八章　战争与武装冲突法 ……………………………………………… 79

国际经济法

第一章　国际货物买卖法

扫描右侧二维码"听课 + 做题"，直达最佳学习效果

1. 在线听课：学习本章节核心考点讲解课程。

2. 在线刷题：点击⌂进入题库做章节练习。

第一节　《国际贸易术语解释通则》

考点一：2010/2020《国际贸易术语解释通则》概览

项目	内容									
完税后交货	DDP								D	卖方运
目的地卸货后交货 / 终端交货					DPU	~~DAT₂₀₁₀~~				
目的地交货					DAP					
运费 + 保险费付至 / 成本 + 保险费 + 运费	CIP		CIF						C	
运费　付至 / 成本 + 运费	CPT		CFR							
货交承运人 / 船上交货	FCA		FOB						F	买方运
船边交货	FAS									
工厂交货	EXW								E	

横看交(货)风(险)，竖看责(任)，上下左右勤比较；首字母它定运输，EF 为买 CD 卖。

其中若有 I 字母，卖方注定把险投；20(20)CIP 一切(险)，其他(所有版本 CIF 及早先版本的 CIP)平安就足矣。

FAs、FOʙ 要分装不装，DAᴘ、DᴘU 则分卸不卸。进出口税分两边，但除 EXᵂ 和 DDᴘ。

术语名称＼交货地点	卖方工厂	第一承运人地	船边	船上	途中	目的地卸货前	目的地卸货后	终端卸货后
风险转移	交货时	货交承运人	交货时	装运上船		交货时	交货时	交货时

右侧纵向：↑ 由下至上合同价格递增 ↑

考点二：FOB（FCA）、CFR（CPT）、CIF（CIP）及 FAS 术语

		价格构成	安排运输责任	投保责任	
1. 常用术语比较	CIF（CIP）	成本＋保险费＋运费	↑价渐高责任多↑	卖方	合同价包含保费，卖方有义务投保。	CIF（2010/2020）和CIP（2010）：卖方最低投保平安险，除非另有协议。
						CIP（2020）：卖方最低投保义务是一切险。
	CFR（CPT）	成本＋运费		买方	卖方不具有投保义务，买方可自行安排投保。	
	FOB（FCA）	成本				
	FOB 和 CFR 的特殊通知事项： ① FOB 术语下买方租船后要将船名、装货地点、装货时间等充分通知卖方，以便卖方交货。 ② FOB、CFR 术语下卖方在装运港将货物装船时应给予买方充分通知，以便买方为货物安排投保，若卖方不通知则风险不转移。					
2. 相关术语	FAS	FAS 交货地点是船边，免除了 FOB 术语下的卖方装船义务及装船过程中的风险承担。				
3. 常用术语与相似术语比较		FOB、CFR、CIF		FCA、CPT、CIP		
	风险转移	装运港装运上船时风险转移		货交承运人时风险转移		
	交货地点	船上交货		在约定地点交承运人		
	运输方式	适用于海运和河运		适用于各种运输方式		

考点三：DAP、DAT、DPU 术语

1. DAP	当卖方将货物运抵指定目的地，并做好卸载准备时，即交由买方处置并转移风险。	
2. DAT、DPU	当卖方将货物运抵指定的目的地，在指定的运输终点将货物从载货运输工具上卸下，交由买方处置时，方为交货。DAT 是 2010 版中卖方承担目的地卸货义务的术语，DPU 是 2020 版本中卖方承担目的地卸货义务的术语。二者区别如下：	
	DAT（2010）交货地点只能是国际运输的终端，卸货后即交货。	DPU（2020）术语下作为目的地的交货地点可以是任何地方，而不仅仅是国际运输的终端。

考点四：EXW 和 DDP 术语

1. EXW	卖方在工厂或仓库将货物交由买方即完成交货。买方办理出口清关手续，即进出口手续均由买方办理。
2. DDP	当卖方将货物运抵指定目的地，完成进口清关，并做好卸载准备时，即交由买方处置并转移风险，即进出口手续均由卖方办理。

考点五：各术语所适用的运输方式

1.适用于多种或单一运输方式	EXW、FCA、CPT、CIP、DAP、DDP、DAT、DPU。
2.仅适用于海运或河运	FAS、FOB、CFR、CIF。

【练一练】法国甲公司与中国乙公司签订合同向中国出口一批货物，合同选用了《2020年国际贸易术语解释通则》的CIP术语，下列哪一判断是正确的？（2020年考生回忆版）①

A.CIP约定适用2020通则，但是当事人约定投保相当于平安险的最低险别为有效

B.货物风险自装运港装运上船时转移

C.如果双方合同未约定保险险别，则甲公司只需要投保平安险

D.即使双方合同约定保平安险，甲公司也应投保一切险

第二节 《联合国国际货物销售合同公约》（CISG）

考点一：《公约》的适用范围

1.主体	公约适用于营业地在不同国家的当事人订立的货物销售合同。
2.客体	公约适用于国际货物销售合同。
3.公约适用的任意性	（1）当事人可以通过选择其他法律排除公约的适用，贸易术语的选择并不排除公约适用，二者相互补充。 （2）当事人可以在买卖合同中约定部分地适用公约，或对公约的内容进行改变。

考点二：卖方的义务

1.交货义务	交货时间、地点，双方合同中有约定的按照其约定（如选择某贸易术语）。 未约定交货时间的，则应在订立合同后一段合理时间内交货。 未约定交货地点的，如果合同涉及货物运输，则在第一承运人所在地交货；如果合同所指定的货物在一批货物中还未特定化，则该批货物存放地为交货地；其他情况下，在卖方营业地交货。
2.质量担保	卖方要保证其交付的货物与合同的约定相符： （1）适用于通常使用目的；（2）适用于合同约定的特定目的；（3）与样品或样式相符；（4）按照同类货物通用的方式装箱或包装，如果没有通用方式，装箱或包装要足以保全和保护货物。

---

① 【答案】A

3. 权利担保	（1）所有权担保	卖方保证对其出售的货物享有完全的所有权，必须是第三方不能提出任何权利或要求的货物。	
	（2）知识产权担保	地域限制	①依买方营业地所在国法律。 ②依订立合同时预期的货物使用地或转售地法律。
		免责情形	①买方在订立合同时已知道或不可能不知道此项权利或要求，此时买方若不在合理时间通知卖方则卖方免责。 ②卖方所销售的货物要遵照买方所提供的技术图样、图案、程式或其他规格，而引起第三方主张权利或要求。
4. 交付单据	（1）卖方必须按照合同约定的时间、地点和方式移交与货物有关的单据。 （2）卖方若在约定时间以前已移交单据，则可以在时间届满前纠正单据中任何与合同不符的情形，但买方有权就因此遭受的损失主张损害赔偿。		

考点三：买方的义务

1. 支付货款	（1）约定优先：付款地点或时间一般依据买卖双方合同约定或选择的支付规则。 （2）未约定付款地点的，在卖方营业地支付，如凭移交货物或单据支付货款，则移交货物或单据的地点为支付地。 （3）未约定付款时间的，在货物置于买方控制下时付款；涉及运输的，在收到银行的付款通知时付款；买方在没有机会检验货物前，无义务付款。
2. 接收货物	（1）采取一切理应采取的行动，如为卖方指定准确的发货地点，按时接收货物，依贸易术语作出相应的运输安排等。 （2）按时提取货物。但接收≠接受，接收不表明买方对于货物质量没有异议，即使经检验与合同不符，也应接收货物，然后再进行索赔。

考点四：《公约》其他内容

1. 风险转移	（1）合同一般对风险转移时间、地点作出约定（如选用贸易术语），若无约定，货交承运人时风险由卖方转移至买方承担。 （2）在运输途中销售的货物的风险，自买卖合同成立时起转移给买方。
2. 中止履行	当一方预期违约时，另一方可中止履行义务。中止履行义务的一方当事人不论是在货物发运前还是发运后，都必须立即通知另一方当事人，如另一方当事人对履行义务提供充分保证，则中止履行义务的一方必须继续履行义务。
3. 保全货物	如遇买卖合同一方履行合同不符合约定，如买方不付款或不接收货物，或卖方交货不符合约定，买方准备退货，另一方应采取保全措施减损。保全货物的方式有：将货物寄存于仓库；将易坏货物出售。

【练一练】中国甲公司与法国乙公司签订了向中国进口服装的合同，价格条件为CIF。货到目的港时，甲公司发现有两箱货物因包装不当途中受损，因此拒收，该货物在目的港码头又被雨淋受损。依1980年《联合国国际货物销售合同公约》及相关规则，下列哪一选项是正确的？（2015-1-40）①

A. 因本合同已选择了CIF贸易术语，则不再适用《公约》

_____

① 【答案】D

B. 在CIF条件下应由法国乙公司办理投保，故乙公司也应承担运输途中的风险

C. 因甲公司拒收货物，乙公司应承担货物在目的港码头雨淋造成的损失

D. 乙公司应承担因包装不当造成的货物损失

【练一练】某国甲公司向中国乙公司出售一批设备，约定贸易术语为"FOB（Incoterms 2010）"，后设备运至中国。依《国际贸易术语解释通则》和《联合国国际货物销售合同公约》，下列哪一选项是正确的？（2013-1-40）[①]

A. 甲公司负责签订货物运输合同并支付运费

B. 甲、乙公司的风险承担以货物在装运港越过船舷为界

C. 如该批设备因未按照同类货物通用方式包装造成损失，应由甲公司承担责任

D. 如该批设备侵犯了第三方在中国的专利权，甲公司对乙公司不承担责任

---

① 【答案】C

第二章　国际货物运输与保险

第一节　国际货物运输

考点一：班轮运输

1. 提单	（1）特征	提单是班轮运输中的重要法律文件，是用以证明海上运输合同由承运人接管或装载货物，以及承运人保证据以交付货物的凭证。其特征如下： ①提单是海上运输合同的证明。 ②提单是承运人出具的接收货物的收据。 ③提单是向承运人提取货物的物权凭证。
	（2）种类	①根据货物是否已装船，分为已装船提单和收货待运提单。 ②依发货人抬头，可将提单分为记名提单、不记名提单和指示提单。 记名提单：正面载明收货人名称，一般不能转让。 不记名提单：未载明收货人名称，交付即转让。 指示提单：载明凭指示交货，必须经过背书转让。 ③根据提单有无批注，分为清洁提单和不清洁提单。
2. 海运单		海运单是证明海上运输货物由承运人接管或装船，且承运人保证将货物交给指定的收货人的一种不可流通的书面运输单证。海运单不是物权凭证。

考点二：承运人无正本提单交付货物的问题

1. 法律依据		最高人民法院《关于审理无正本提单交付货物案件适用法律若干问题的规定》（以下简称《规定》）
2. 承运人责任	（1）责任性质	①《规定》采用竞合责任制，即正本提单持有人可以要求承运人承担违约责任，或者要求承担侵权责任。 ②可要求承运人与无正本提单提货人承担连带赔偿责任。
	（2）责任限制	无正本提单放货，承运人存在主观故意，不得主张海事赔偿责任限额。
	（3）赔偿范围	承运人赔偿额依货物装船时的价值 + 运费 + 保险费计算。

3.免责情形	①承运人依照卸货港所在地法律，必须将货物交付给当地海关或者港口当局。 ②承运到港的货物超过法律规定的期限无人向海关申报，被海关提取并依法变卖处理，或法院依法裁定拍卖承运人留置的货物。 ③承运人按照记名提单托运人的要求中止运输、返还货物、变更到达地或将货物交给其他收货人。 ④其他正本提单已提货。
4.时效	诉讼时效适用《海商法》为1年。

【练一练】中国甲公司从国外购货，取得了代表货物的单据，其中提单上记载"凭指示"字样，交货地点为某国远东港，承运人为中国乙公司。当甲公司凭正本提单到远东港提货时，被乙公司告知货物已不在其手中。后甲公司在中国法院对乙公司提起索赔诉讼。乙公司在下列哪些情形下可免除交货责任？（2013-1-81）①

A. 在甲公司提货前，货物已被同样持有正本提单的某公司提走

B. 乙公司按照提单托运人的要求返还了货物

C. 根据某国法律要求，货物交给了远东港管理当局

D. 货物超过法定期限无人向某国海关申报，被海关提取并变卖

考点三：调整班轮运输的国际公约

	《海牙规则》	《维斯比规则》（对《海牙规则》的修改和补充）	《汉堡规则》
1.承运人最低限度义务	（1）适航义务。承运人在开航前和开航时要谨慎检查，保障船舶适航。 （2）管货义务。承运人应适当谨慎地装载、运送、保管、卸载所承运的货物。		
2.责任期间	"装到卸"		"接到交"
3.承运人免责	（1）承运人无过失免责。 （2）航海过失免责：承运人的雇佣人在驾驶船舶和管理船舶时所造成的货物损失，承运人免责。 （3）火灾免责，但由于承运人实际过失或私谋造成的火灾除外。		承运人无过失免责。
4.关于延迟交货的责任	没有规定承运人延迟交货责任。		延迟交货的赔偿责任限额为迟交货物应付运费的2.5倍，但不应超过应付运费总额。
5.保函效力	没有规定保函效力问题。		善意保函只在托运人与承运人之间有效。
6.索赔时效	时效为1年。		时效为2年。

【练一练】一批货物由甲公司运往中国青岛港，运输合同适用《海牙规则》。运输途中因雷击烧毁部分货物，其余货物在目的港被乙公司以副本提单加保函提走。丙公司为该批货物正本提单持有人。根据《海牙规则》和我国相关法律规定，下列哪一选项是正确的？（2010-1-45）②

---

① 【答案】ACD
② 【答案】C

A. 甲公司应对雷击造成的货损承担赔偿责任，因损失在其责任期间发生

B. 甲公司可限制因无正本提单交货的赔偿责任

C. 丙公司可要求甲公司和乙公司承担连带赔偿责任

D. 甲公司应以货物成本加利润赔偿因无正本提单交货造成的损失

考点四：其他方式的国际货物运输的主要内容

其他运输方式的要点	航空运单、铁路运单和多式联运单据都不是货物物权凭证，只有提单可作为物权凭证。
	国际铁路货物运输中，按运单承运货物的铁路部门应对货物承担连带责任。
	航空运输承运人的责任期间：依《华沙公约》，货物在承运人保管下的整个期间都是责任期间。
	依《联运公约》，多式联运经营人应对货物在其掌管期间发生的损失承担赔偿责任，而不论该损失发生在哪个运输区段。

【练一练】中国伟业公司与甲国利德公司签订了采取铁路运输方式由中国出口一批货物的合同。后甲国法律发生变化，利德公司在收货后又自行将该批货物转卖到乙国，现乙国一公司声称该批货物侵犯了其知识产权。中国和甲国均为《国际货物销售合同公约》和《国际铁路货物联运协定》缔约国。依相关规则，下列哪一选项是正确的？（2017-1-40）①

A. 伟业公司不承担该批货物在乙国的知识产权担保义务

B. 该批货物的风险应于订立合同时由伟业公司转移给利德公司

C. 铁路运输承运人的责任期间是从货物装上火车时起至卸下时止

D. 不同铁路运输区段的承运人应分别对在该区段发生的货损承担责任

第二节　国际货物运输保险

考点一：中国海洋货物运输保险的基本险别

1. 货损形态	（1）实际全损；（2）推定全损；（3）部分损失。		
	（1）共同海损。共同海损的条件有：船货共同危险、有意造成损失、措施合理。共同海损可能造成被保险人货物的全部损失，也可能造成部分损失。 （2）单独海损：货物由于意外造成的部分损失。		
	全部损失	部分损失	
	实际全损/推定全损	共同海损	单独海损

---

① 【答案】A

		海上自然灾害			海上意外事故			外来风险（附加险）		
		全部损失	共损	单损	全部损失	共损	单损	一般	特别	特殊
2.基本险别	（1）平安险	√	√	×	√			×		
		"单独海损不赔"：航行中由自然灾害引起的单独海损不在平安险的承保范围。								
	（2）水渍险	√						×		
		"单独海损要赔"：该险的承保范围除平安险的各项责任外，还包括"自然灾害"所造成的单独海损。								
	（3）一切险	√						√	×	×
		除承保水渍险的责任范围，还承保被保险货物在运输途中由一般外来原因所致的全部或部分损失，即水渍险加一般附加险。								

【练一练】中国甲公司与某国乙公司签订茶叶出口合同，并投保水渍险，议定由丙公司"天然号"货轮承运。下列哪些选项属于保险公司应赔偿范围？（2011-1-80）[①]

A. 运输中因茶叶串味等外来原因造成货损

B. 运输中因"天然号"货轮过失与另一轮船相撞造成货损

C. 运输延迟造成货损

D. 运输中因遭遇台风造成部分货损

考点二：中国海洋货物运输保险的附加险

1. 一般附加险	投保各种一般外来原因导致的货物损失。一般附加险包括：偷窃提货不着险，淡水雨淋险，短量险，混杂、沾污险，渗漏险，碰损、破碎险，串味险，受潮受热险，钩损险，包装破裂险，锈损险等 11 种。
2. 特别附加险	特别附加险对因特别风险造成的保险标的的损失负赔偿责任，包括：交货不到险、进口关税险、舱面货物险、拒收险、黄曲霉素险、出口货物到香港或澳门存仓火险 6 种。
3. 特殊附加险	特殊附加险包括海洋运输货物战争险和货物运输罢工险。

考点三：中国海洋货物运输保险的除外责任和索赔时效

1. 除外责任	（1）被保险人的故意或过失致损。 （2）发货人责任致损。 （3）保险责任开始前，被保险货物已存在的品质不良或数量短差致损。 （4）被保险货物的自然耗损、本质缺陷、市价跌落、运输迟延等致损。
2. 索赔时效	索赔时效为 2 年，从被保险货物在最后卸货港全部卸离运输工具后起算。

---

① 【答案】BD

第三章　国际贸易支付

扫描右侧二维码"听课 + 做题"，直达最佳学习效果
1. 在线听课：学习本章节核心考点讲解课程。
2. 在线刷题：点击 进入题库做章节练习。

考点一：托收

托收程序	托收的法律依据：《托收统一规则》，国际惯例。 
种类	（1）光票托收。 （2）跟单托收。跟单托收又分为付款交单和承兑交单，承兑交单风险大于付款交单。
银行责任	（1）义务　①提示付款或承兑；②及时将货款解交托收申请人；③向申请人通知托收结果；④保证汇票和装运单据与托收指示书表面一致等。
	（2）免责　①对收到的单据免责（单据丢失不赔）；②对单据的有效性免责（形式审单）；③对寄送中的延误、丢失及翻译错误免责；④托收行对代收行的行为免责；⑤对不可抗力免责；⑥汇票被拒绝承兑或拒绝付款，银行没有作出拒绝证书的义务。

考点二：信用证

信用证的流转程序	信用证的法律依据：《跟单信用证统一惯例》（UCP600）。
保兑信用证	指一家银行开出的信用证由另一家银行加以保证兑付，保兑行与开证行承担相同的付款责任。
信用证独立原则	信用证与买卖双方之间的合同是相互独立的。银行对合同履行的实质和货物的实质问题均不承担责任。
单证严格一致原则	（1）银行信用证业务只处理单据，不接触实际买卖交易。 （2）处理单据时应遵循单证、单单表面相符原则。 （3）银行审查单据时有非常高的独立权，不受开证申请人的影响。 开证行发现单证或单单不符时：可以（非义务）自行联系开证申请人（买方）→ 如接到开证申请人放弃不符点的通知 → 银行可以（不是应当）接受单证不符点
银行免责	（1）对单据的有效性免责（**表面审单**）；（2）对信息传递和翻译免责；（3）不可抗力免责；（4）关于被指示方的行为免责，即开证行和通知行可再委托其他银行提供相关服务，费用和风险由申请人（买方）负担。

【练一练】中国甲公司与法国乙公司订立了服装进口合同，信用证付款，丙银行保兑。货物由"铂丽号"承运，投保了平安险。甲公司知悉货物途中遇台风全损后，即通知开证行停止付款。依《海牙规则》《跟单信用证统一惯例》（UCP600）及相关规则，下列哪一选项是正确的？（2016-1-41）①

A. 承运人应承担赔偿甲公司货损的责任

B. 开证行可拒付，因货已全损

C. 保险公司应赔偿甲公司货物的损失

D. 丙银行可因开证行拒付而撤销其保兑

【练一练】中国 A 公司从甲国埃拉公司以 DPU 术语进口一批货物，信用证方式付款。

---

① 【答案】C

根据国际经济法的相关规则和实践，下列哪项判断是正确的？（2020年考生回忆版）①

    A. 埃拉公司有义务为中国A公司投保货物运输险

    B. 卖方应在"运输终端"完成交货

    C. 埃拉公司应承担运输中的风险

    D. 中国A公司可以埃拉公司货物质量不符合同约定，要求银行拒付部分货款

考点三：信用证欺诈及例外原则

1. 信用证欺诈的种类	（1）开立假信用证；（2）"软条款"信用证，即以信用证附加条件等方式加重受益人（卖方）风险；（3）伪造单据；（4）以保函换取与信用证相符的提单；（5）受益人（卖方）恶意不交货或交付的货物无价值等。	
2. 信用证欺诈例外（止付信用证项下款项）	（1）止付条件	①必须由有管辖权的法院审理判决终止支付信用证下款项。②申请人须提供证据材料证明有信用证欺诈情形。③不中止支付将会使申请人合法权益遭到难以弥补的损失。④申请人提供了可行、充分的担保。
	（2）禁止止付情形	若存在如下情形，则不能再通过司法手段干预信用证下的付款：①开证行的指定人、授权人已按照开证行的指令善意地进行了付款或承兑；②保兑行善意地履行了付款义务；③议付行善意地进行了议付。

【练一练】根据《最高人民法院关于审理信用证纠纷案件若干问题的规定》，中国法院认定存在信用证欺诈的，应当裁定中止支付或者判决终止支付信用证项下款项，但存在除外情形。关于除外情形，下列哪些表述是正确的？（2012-1-81）②

    A. 开证行的指定人、授权人已按照开证行的指令善意地进行了付款

    B. 开证行或者其指定人、授权人已对信用证项下票据善意地作出了承兑

    C. 保兑行善意地履行了付款义务

    D. 议付行善意地进行了议付

---

① 【答案】C
② 【答案】ABCD

第四章　对外贸易管理制度

扫描右侧二维码"听课 + 做题",直达最佳学习效果
1. 在线听课:学习本章节核心考点讲解课程。
2. 在线刷题:点击🏠进入题库做章节练习。

考点一:我国《对外贸易法》

1. 适用范围	我国对外贸易管理制度以《对外贸易法》为基本框架,管理我国大陆(不包括港澳台地区)的货物、技术、服务的进出口。
2. 外贸经营资格	依法办理工商登记或其他执业手续的法人、其他组织或者个人。 (1)外贸经营者包括自然人。 (2)外贸经营权的获得实行登记制,依法不需要登记的除外。

考点二:《出口管制法》

1. 职能部门		国务院、中央军事委员会
2. 管制目的		维护国家安全和利益、履行防(核)扩散、防恐怖主义等国际义务。
3. 管制对象	主体对象	我国:出口经营者。应当向出口管制管理部门提交最终用户及最终用途证明文件,证明文件由最终用户或最终用户所在国政府出具。 外国(进口国):进口商、最终用户。违反管制要求的,列入管控名单(将被禁止、限制有关交易);最终用户应承诺不得擅自改变管制物项的最终用途或者向任何第三方转让。
	客体对象	两用物项(既有民事又有军事用途)、军品、核等相关的货物、技术、服务等。
4. 管制清单		出口管制清单
	临时管制	临时管制期限不超过两年,届满前应评估决定取消或延长管制,或将相关物项列入出口管制清单。
		禁止出口
5. 管制措施		国家对管制物项的出口实施许可制度。

【练一练】中国上海甲公司与 A 国乙公司签订 CFR 合同,出口某种与军民两用物项相关的货物,双方约定货物运输前存放在甲公司位于上海的某仓库,乙公司为该批货物最终用户。下列哪一选项是正确的?(2022年考生回忆版)[①]

A. 上海的某仓库为该批货物的交货地点

B. 中国甲公司应为该批货物的出口申请许可

C. 乙公司应当为该批货物投保平安险

---

① 【答案】B

D. 乙公司收到货物后可自行转卖第三方

考点三：反倾销

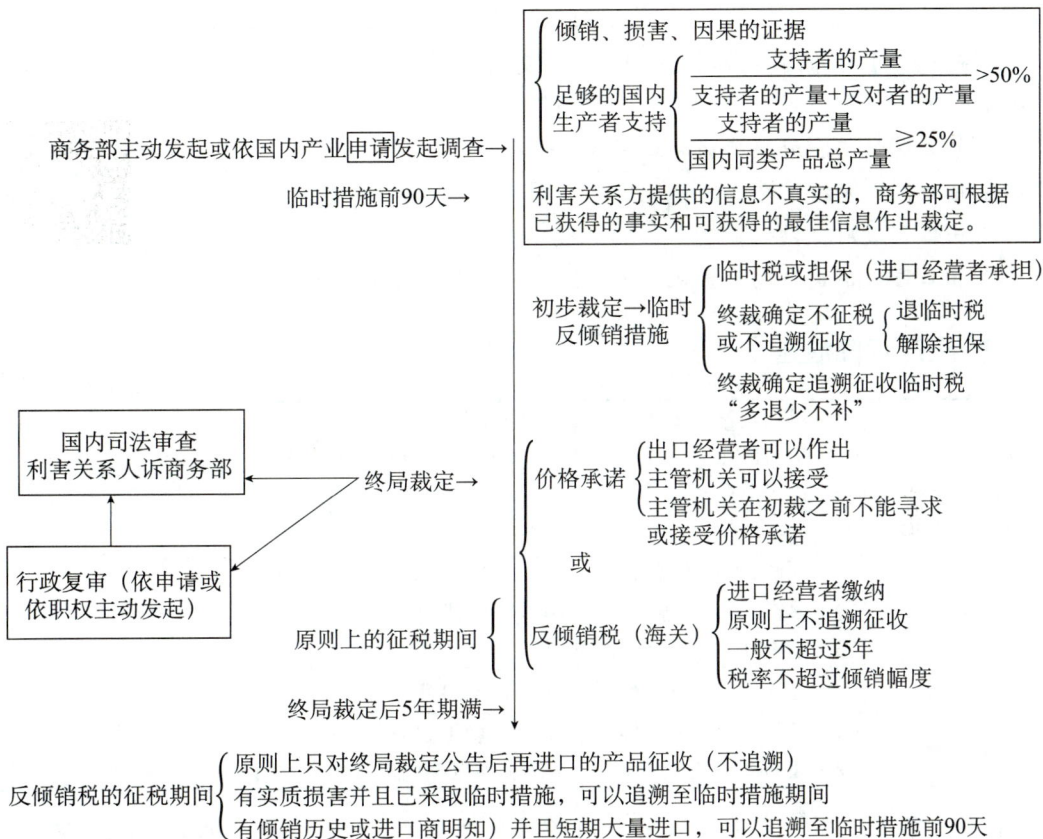

倾销、损害、因果的证据

足够的国内
生产者支持
$$\frac{支持者的产量}{支持者的产量+反对者的产量} > 50\%$$
$$\frac{支持者的产量}{国内同类产品总产量} \geq 25\%$$

商务部主动发起或依国内产业申请发起调查→

临时措施前90天→

利害关系方提供的信息不真实的，商务部可根据已获得的事实和可获得的最佳信息作出裁定。

初步裁定→临时
反倾销措施

临时税或担保（进口经营者承担）

终裁确定不征税
或不追溯征收
退临时税
解除担保

终裁确定追溯征收临时税
"多退少不补"

国内司法审查
利害关系人诉商务部

终局裁定→

价格承诺

出口经营者可以作出
主管机关可以接受
主管机关在初裁之前不能寻求
或接受价格承诺

行政复审（依申请或
依职权主动发起）

原则上的征税期间

或

反倾销税（海关）

进口经营者缴纳
原则上不追溯征收
一般不超过5年
税率不超过倾销幅度

终局裁定后5年期满→

反倾销税的征税期间
原则上只对终局裁定公告后再进口的产品征收（不追溯）
有实质损害并且已采取临时措施，可以追溯至临时措施期间
有倾销历史或进口商明知）并且短期大量进口，可以追溯至临时措施前90天

【练一练】应国内化工产业的申请，中国商务部对来自甲国的某化工产品进行了反倾销调查。依《反倾销条例》，下列哪一选项是正确的？（2016-1-42）[①]

A. 商务部的调查只能限于中国境内

B. 反倾销税税额不应超过终裁确定的倾销幅度

C. 甲国某化工产品的出口经营者必须接受商务部有关价格承诺的建议

D. 针对甲国某化工产品的反倾销税征收期限为 5 年，不得延长

考点四：反补贴

1. 适用条件	（1）专向补贴	出口国政府提供（直接或间接）的财政资助（现金或非现金） 接受者获得利益 专向性：给予特定对象（企业或产业） 依据 WTO《补贴与反补贴措施协定》，如果中国政府提供的补贴主要接受者是国有企业，或者国有企业接受了补贴中的绝大多数，该补贴视为专向补贴
	（2）损害（同反倾销）：实质损害、实质损害威胁、实质阻碍。	
	（3）因果关系：专向补贴是损害的原因之一。	

① 【答案】B

2.措施	（1）调查程序：同反倾销（临时反补贴税、价格承认、反补贴税）。		
	（2）反补贴措施	基本同反倾销	
		区别：承诺主体包括	出口国政府：承诺取消或限制补贴或其他有关措施
			出口经营者：承诺修改价格

【练一练】根据《中华人民共和国反补贴条例》，下列哪些选项属于补贴？（2014-1-82）①

A. 出口国政府出资兴建通向口岸的高速公路

B. 出口国政府给予企业的免税优惠

C. 出口国政府提供的贷款

D. 出口国政府通过向筹资机构付款，转而向企业提供资金

考点五：保障措施

1.适用条件	（1）进口数量增加（绝对增加和相对增加）。 （2）进口国相同或竞争产品生产者受到严重损害或严重损害威胁。 （3）因果关系。
2.调查程序	基本同反倾销，但没有司法审查程序。
3.措施	（1）初裁：临时保障措施（提高关税）。 （2）终裁：保障措施（提高关税或数量限制）。 （3）措施细节基本同反倾销。
4.期限	不超过4年，特殊情况下也不得超过10年。
5.限制	（1）针对进口产品实施，不区分来源国或地区。 （2）实施期限超过一年的，应当在实施期间内按固定时间间隔逐年放宽。

【练一练】根据《中华人民共和国保障措施条例》，下列哪一说法是不正确的？（2013-1-44）②

A. 保障措施中"国内产业受到损害"，是指某种进口产品数量增加，并对生产同类产品或直接竞争产品的国内产业造成严重损害或严重损害威胁

B. 进口产品数量增加指进口数量的绝对增加或与国内生产相比的相对增加

C. 终裁决定确定不采取保障措施的，已征收的临时关税应当予以退还

D. 保障措施只应针对终裁决定作出后进口的产品实施

---

① 【答案】BCD
② 【答案】D

第五章　世界贸易组织

扫描右侧二维码"听课＋做题"，直达最佳学习效果
1. 在线听课：学习本章节核心考点讲解课程。
2. 在线刷题：点击■进入题库做章节练习。

考点一：世界贸易组织的法律框架

1. 法律框架	（1）多边协议	章程：《世界贸易组织协定》		
		附件1：	附件1A：货物贸易多边协定《关贸总协定》	所有成员均受其约束
			附件1B：《服务贸易总协定》	
			附件1C：《与贸易有关的知识产权协定》	
		附件2：《关于争端解决规则和程序的谅解》		
		附件3：《贸易政策审议机制》		
	（2）诸边贸易协定：附件4	《民用航空器贸易协议》（中国未参加）		
		《政府采购协议》（中国未参加）		
		《信息技术产品协定》		
		《国际奶制品协议》（已失效）		
		《国际牛肉协议》（已失效）		
2. 中国义务	（1）WTO成员不仅包括国家，还包括单独关税区政府。中国在WTO有四个成员席位。			
	（2）中国在WTO中的权利和义务由各协议条款规定的义务和《中国加入世界贸易组织议定书》中中国作出的承诺组成。			

考点二：《关税与贸易总协定》（GATT）

1. 国民待遇	国民待遇是WTO的基本原则。外国进口产品所享受的待遇不低于本国同类产品、直接竞争或替代产品所享受的待遇。	
2. 最惠国待遇（MFN）	（1）概述	对最惠国待遇原则的修改，必须经全体成员同意才有效。
	（2）特点	①普遍性。②相互性。③自动性。④同一性。
	（3）例外	边境贸易、普遍优惠制度（对发展中国家的优惠待遇）、关税同盟和区域经济安排。

考点三:《与贸易有关的投资措施协议》(TRIMs)

1.宗旨	维护货物贸易的**国民待遇原则**和**取消数量限制原则**。
2.禁止性投资措施	(1)当地成分要求:购买或使用东道国产品作为生产投入。 (2)贸易平衡要求:将企业的进口限制在与出口相当的水平。 (3)进口用汇限制:限制企业进口所需外汇的使用。 (4)国内销售要求:企业的产品必须有一部分在国内销售。

【练一练】针对甲国一系列影响汽车工业的措施,乙、丙、丁等国向甲国提出了磋商请求,四国均为世界贸易组织成员。关于甲国采取的措施,下列哪些是《与贸易有关的投资措施协议》禁止使用的?(2009-1-84)①

A.要求汽车生产企业在生产过程中必须购买一定比例的当地产品

B.依国产化率对汽车中使用的进口汽车部件减税

C.规定汽车生产企业的外资股权比例不应超过60%

D.要求企业购买进口产品的数量不能大于其出口产品的数量

考点四:《服务贸易总协定》(GATS)

1.服务贸易方式	《服务贸易总协定》通过四种服务贸易方式来调整服务贸易: (1)跨境交付。 (2)境外消费。 (3)商业存在。 (4)自然人存在。
2.非歧视原则	**框架性协议**。是否给予市场准入及国民待遇依据每一成员具体列出的承诺表来确定。 服务贸易领域也要求完全的最惠国待遇(既适用于服务,也适用于服务提供者)。

【练一练】《服务贸易总协定》规定了服务贸易的方式,下列哪一选项不属于协定规定的服务贸易?(2012-1-40)②

A.中国某运动员应聘到美国担任体育教练

B.中国某旅行公司组团到泰国旅游

C.加拿大某银行在中国设立分支机构

D.中国政府援助非洲某国一笔资金

---

① 【答案】ABD
② 【答案】D

考点五：WTO 争端解决制度

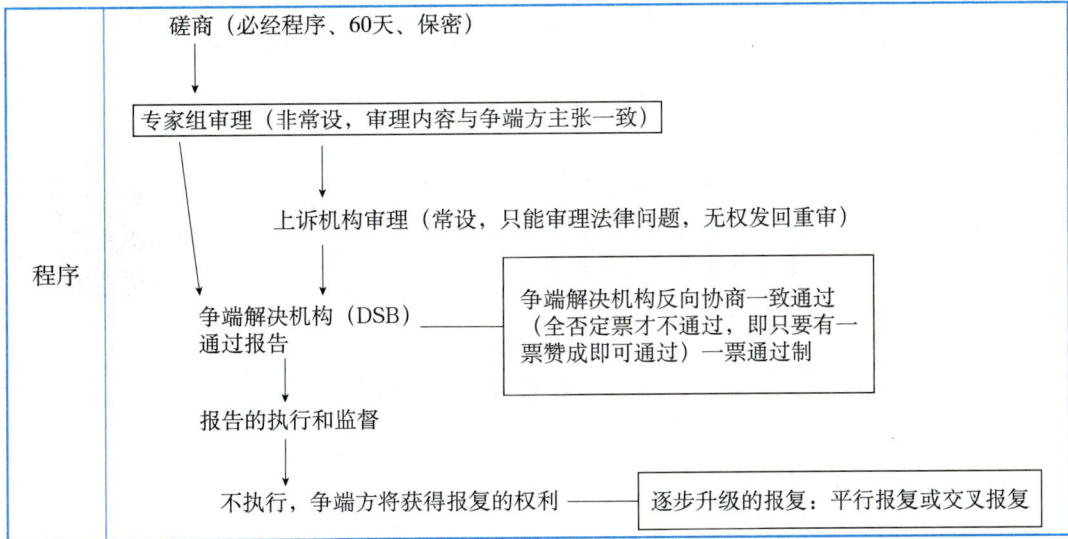

程序	磋商（必经程序、60天、保密） 专家组审理（非常设，审理内容与争端方主张一致） 上诉机构审理（常设，只能审理法律问题，无权发回重审） 争端解决机构（DSB）通过报告 —— 争端解决机构反向协商一致通过（全否定票才不通过，即只要有一票赞成即可通过）一票通过制 报告的执行和监督 不执行，争端方将获得报复的权利 —— 逐步升级的报复：平行报复或交叉报复

【练一练】甲、乙、丙三国均为世界贸易组织成员，甲国对进口的某类药品征收8%的国内税，而同类国产药品的国内税为6%。针对甲国的规定，乙、丙两国向世界贸易组织提出申诉，经裁决甲国败诉，但其拒不执行。依世界贸易组织的相关规则，下列哪些选项是正确的？（2015-1-80）①

A. 甲国的行为违反了国民待遇原则

B. 乙、丙两国可向上诉机构申请强制执行

C. 乙、丙两国经授权可以对甲国采取中止减让的报复措施

D. 乙、丙两国的报复措施只限于在同种产品上使用

① 【答案】AC

第六章　国际经济法领域的其他法律制度

第一节　国际知识产权法

考点一:《保护工业产权巴黎公约》的基本原则

1. 保护范围：专利权、商标权等工业产权		
2. 基本原则	国民待遇原则	
	优先权	适用条件：适用范围：专利权（发明、实用新型、外观设计）和**商品**商标 已经在一个成员国正式提出申请 在规定期限内（发明、实用新型 12 个月 外观设计、商标 6 个月）在其他成员国再次提出申请 申请人于在后申请中提出优先权申请
		效力：在优先权期限内每一个在后申请的申请日均为第一个申请的申请日 在先申请的撤回、放弃或驳回不影响该申请的优先权地位
		展品在临时保护期间申请专利或商标注册，优先权日从公开展出之日起算
	临时保护原则：缔约国对成员国举办或官方承认的国际展会展出的商品给予临时保护	
	独立性原则	
	最低标准原则	

【练一练】2011 年 4 月 6 日，张某在广交会上展示了其新发明的产品，4 月 15 日，张某在中国就其产品申请发明专利（后获得批准）。6 月 8 日，张某在向《巴黎公约》成员国甲国申请专利时，得知甲国公民已在 6 月 6 日向甲国就同样产品申请专利。下列哪一说法是正确的？（2013-1-41）①

A. 如张某提出优先权申请并加以证明，其在甲国的申请日至少可以提前至 2011 年 4 月 15 日

B. 2011 年 4 月 6 日这一时间点对张某在甲国以及《巴黎公约》其他成员国申请专利没有任何影响

C. 张某在中国申请专利已获得批准，甲国也应当批准他的专利申请

D. 甲国不得要求张某必须委派甲国本地代理人代为申请专利

---

① 【答案】A

考点二：《保护文学艺术作品伯尔尼公约》的基本原则

1. 保护范围：著作权					
2. 基本原则	国民待遇	"双国籍"国民待遇	作者国籍	作者身份：成员国国民和在成员国有惯常居所的非成员国国民	
				在一切成员国获得著作权的条件：创作完成 → 自动性	
				著作权保护标准：同各成员国本国国民 → 国民性	
	自动保护		作品国籍	作者身份：在成员国没有惯常居所的非成员国国民	
				在成员国获得著作权的条件 出版	在任何一个成员国首次出版，或 在成员国和非成员国同时（30天之内）出版
				著作权保护标准：同本国国民 → 国民性	
		独立保护：作品在其他缔约国的保护不依赖于作品来源国所受保护			

【练一练】甲国人柯里在甲国出版的小说流传到乙国后出现了利用其作品的情形，柯里认为侵犯了其版权，并诉诸乙国法院。尽管甲、乙两国均为《伯尔尼公约》的缔约国，但依甲国法，此种利用作品不构成侵权，另外，甲国法要求作品要履行一定的手续才能获得保护。根据相关规则，下列哪一选项是正确的？（2014-1-43）①

A. 柯里须履行甲国法要求的手续才能在乙国得到版权保护

B. 乙国法院可不受理该案，因作品来源国的法律不认为该行为是侵权

C. 如该小说在甲国因宗教原因被封杀，乙国仍可予以保护

D. 依国民待遇原则，乙国只能给予该作品与甲国相同水平的版权保护

考点三：《WTO与贸易有关的知识产权协议》（TRIPs）

1. 概要	（1）首先将最惠国待遇原则纳入知识产权国际保护。 （2）首次规定了知识产权执法程序（民事、行政和刑事程序）。 （3）进一步提高了知识产权保护水平，以《巴黎公约》《伯尔尼公约》为基础。	
2. 保护提升	著作权	对计算机程序和有独创性的数据汇编进行版权保护 增设计算机程序和电影作品的出租权
	专利	权利内容：增加专利进口权和许诺销售权 保护期限：不少于自提交专利申请之日起的20年（最低标准）
	商标：提高驰名商标保护标准	驰名商品商标→驰名商品商标＋驰名服务标志 相对（同类）保护→绝对（跨类）保护

考点四：国际知识产权许可协议的种类

1. 普通许可	在合同规定的期限和地域内，被许可方和许可方都对该技术及其产品拥有制造、使用和销售的权利，而且许可方还可以把技术许可给第三方。
2. 独占许可	独占许可是指技术的被许可方在协议的有效期内，在特定地区，对许可协议规定的技术拥有独占的使用权；同时，技术的许可方不得在该地区使用该技术制造和销售商品，更不能把该技术再授予该地区的任何第三方。

---

① 【答案】C

3. 排他许可	在合同规定的期限和地域内，被许可方和许可方都对该技术及其产品拥有制造、使用和销售的权利，但许可方不能再将技术许可给第三方。

【**练一练**】中国甲公司与德国乙公司签订了一项新技术许可协议，规定在约定期间内，甲公司在亚太区独占使用乙公司的该项新技术。依相关规则，下列哪一选项是正确的？（2016-1-43）①

A. 在约定期间内，乙公司在亚太区不能再使用该项新技术

B. 乙公司在全球均不能再使用该项新技术

C. 乙公司不能再将该项新技术允许另一家公司在德国使用

D. 乙公司在德国也不能再使用该项新技术

第二节　国际投资法

考点一：外商投资法

1. 积极促进外商投资	（1）明确对外商投资实行准入前国民待遇加负面清单管理制度。 （2）提高外商投资政策的透明度。 （3）明确给予外国投资者国民待遇。 （4）国家建立健全外商投资服务体系。	
2. 加强对外商投资的保护	（1）加强对外商投资企业的产权保护。 （2）强化对涉及外商投资规范性文件制定的约束。 （3）促使地方政府守约践诺。 （4）完善外商投资企业投诉维权机制。	
3. 外商投资安全审查办法（2021年起实施）	（1）审查投资类型	影响或可能影响国家安全的外商投资，包括直接和间接投资。
	（2）审查机构	国家发改委、商务部牵头。
	（3）审查范围	①投资军工、军事相关领域及其周边地域。 ②投资关系国家安全的重要领域，并取得所投资企业的实际控制权。

考点二：《多边投资担保机构公约》（《汉城公约》）

1. 险别（政治风险）	货币汇兑险：禁止或拖延汇兑或汇出 征收或类似措施险 { 剥夺投资者对其投资的所有权和控制权 剥夺投资产生的大量收益 战争内乱险：不论东道国是否为战争一方，也不论战争是否发生在东道国境内 政府违约险：东道国违约且投资者无法寻求当地救济

---

① 【答案】A

2.适格投资者	以商业营利为目的从事经营的非东道国自然人或法人。 （1）原则：适格投资者不得具有东道国国籍，法人的国籍和主要营业地均不在东道国。 （2）例外：若用于投资的资本来自境外，适格投资者可以扩大到东道国自然人和法人。
3.适格东道国	发展中国家成员。
4.代位权	机构一经向投保人支付或同意支付赔偿，即代位取得投保人对东道国或其他债务人所拥有的有关承保投资的各种权利或索赔权。但担保人在向机构要求支付前，应当寻求东道国的行政补救办法。

【练一练】甲国 T 公司与乙国政府签约在乙国建设自来水厂，并向多边投资担保机构投保。下列哪一选项是正确的？（2016-1-44）[1]

A.乙国货币大幅贬值造成 T 公司损失，属货币汇兑险的范畴

B.工人罢工影响了自来水厂的正常运营，属战争内乱险

C.乙国新所得税法致 T 公司所得税增加，属征收和类似措施险的范畴

D.乙国政府不履行与 T 公司签订的合同，乙国法院又拒绝受理相关诉讼，属政府违约险

考点三：《关于解决国家和他国国民之间投资争端公约》(《华盛顿公约》)

1.中心	该公约设立"解决国际投资争端中心"（ICSID），作为世界银行下属的一个独立机构。中心为解决缔约国与他国国民之间的投资争端提供调解和仲裁的便利。		
2.中心的管辖权	中心管辖权具有排他效力。裁决的效力：终局性，**有约束力**。		
	（1）争端主体	原则：争议当事人一方必须是缔约国政府（东道国）；另一方当事人是其他缔约国国民（外国投资者），包括自然人、法人、其他经济实体。 例外：如双方同意，投资者也可以是直接受另一缔约国利益控制的东道国法人。	
	（2）争端性质	**直接**因投资而产生的任何法律争端。	
	（3）主观要求	争端双方书面同意提交给中心裁决。	
3.法律适用	争端双方如选择通过法律解决争端，中心则按照其选择的法律审理。若无选择，中心适用作为争端一方的东道国国内法及可适用的国际法规则。		

【练一练】甲、乙均为《关于解决国家和他国国民之间投资争端公约》缔约国。甲国 A 公司拟将与乙的争端提交根据该公约成立的解决国际投资争端中心。对此，下列哪一选项是不正确的？（2012-1-43）[2]

A.该中心可根据 A 公司的单方申请对该争端行使管辖权

B.该中心对该争端行使管辖权，须以 A 公司和乙书面同意为条件

C.如乙没有特别规定，该中心对争端享有管辖权不以用尽当地救济为条件

D.该中心对该争端行使管辖权后，可依争端双方同意的法律规则作出裁决

---

[1]【答案】D

[2]【答案】A

第三节 国际融资法

考点一：国际货币基金组织与特别提款权

1.国际货币基金组织	国际货币基金组织的宗旨之一是通过发放贷款调整成员国国际收支的失衡。
2.普通提款权	发放贷款的对象仅限成员国政府机构，不对私人企业组织贷款。与成员国在基金中所分得或认缴的股份成正比（0～125%）。
3.特别提款权	是基金组织在普通贷款权之外，按各国认缴的份额比例分配给会员国的一种使用资金的特别权利。 （1）可与黄金、外汇一样作为储备资产，亦称"纸黄金" （2）可用于办理政府间结算，偿付政府间结算逆差。 （3）可作为记账单位。

考点二：国际融资的信用担保

1.见索即付的保函	又称独立保函，担保人与受益人之间以保函为根据而形成的独立的债权债务关系。
2.备用信用证	指担保人（开证银行）应债务人的要求，向债权人开具备用信用证，当债权人向担保人出示备用信用证及债务人违约证明时，担保人（银行）须按信用证的规定支付款项的保证。
3.意愿书	又称"安慰信"只有道义上的约束力，不具有法律约束力。

【练一练】甲国公司承担乙国某工程，与其签订工程建设合同。丙银行为该工程出具见索即付的保函。后乙国发生内战，工程无法如期完工。对此，下列哪些选项是正确的？（2011-1-82）①

A. 丙银行应对该合同因战乱而违约的事实进行实质审查后，方可履行保函义务

B. 因该合同违约原因是乙国内战，丙银行可以此为由不履行保函义务

C. 丙银行出具的见索即付保函独立于该合同，只要违约事实出现即须履行保函义务

D. 保函的被担保人无须对甲国公司采取各种救济方法，便可直接要求丙银行履行保函义务

考点三：《关于审理独立保函纠纷案件若干问题的规定》

1.单证审查	《规定》明确了保函的独立性和单据性的特征，保证付款的快捷性和确定性。 只要受益人提交的单据与独立保函条款、单据与单据之间在表面上相符，开立人就必须独立承担付款义务。

---

① 【答案】CD

2.保函欺诈	（1）欺诈情形	受益人欺诈是法定的唯一的开立人拒绝承担付款义务的情形。①无真实基础交易；②单据欺诈；③明显滥用付款请求权（法院判决或仲裁裁决认定基础交易债务人没有付款义务、基础交易债务已经得到完全履行、保函载明的付款到期事件并未发生等）。
	（2）止付条件	**法院裁定中止支付独立保函项下的款项，必须同时具备下列条件：**①止付申请人提交的证据证明欺诈存在；②情况紧急，不立即采取止付措施，将给止付申请人的合法权益造成难以弥补的损害；③止付申请人提供了足以弥补被申请人因止付可能遭受损失的担保。④开立人未善意付款。法院受理止付申请后，应当在48小时内作出书面裁定。

【练一练】 中国某工程公司在甲国承包了一项工程，中国某银行对甲国的发包方出具了见索即付的保函，后甲国发包方以中国公司违约为由向中国某银行要求支付保函上的款项遭到拒绝，遂诉至人民法院。关于本案，根据相关法律和司法解释，以下说法正确的是哪一项？（2018年考生回忆版）[①]

A.如果工程承包公司是我国政府独资的国有企业，则银行可以此为由拒绝向受益人付款

B.中国某银行可以主张保函受益人先向中国承包公司主张求偿，待其拒绝后再履行保函义务

C.中国某银行应对施工合同进行实质性审查，后方可决定是否履行保函义务

D.如甲国发包方提交的书面文件与保函要求相符，中国某银行应承担付款责任

第四节　国际税法

考点一：国际税收管辖权

	居民税收管辖权	所得来源地税收管辖权
1.管辖权	属人管辖权	属地管辖权
2.纳税主体	**纳税居民**	非纳税居民
3.征税对象	境内外所得（**无限纳税义务**）	来源于本国的所得（营业所得、投资所得、劳务所得和财产所得）
4.纳税居民	自然人{国籍标准、住所标准、居所标准和居住时间标准等 我国兼采住所标准和居住时间（183天）标准}　法人{登记注册地、实际控制中心所在地、总（实际管理）机构所在地等标准 我国兼采登记注册地和总（实际管理）机构所在地标准}	

---

① 【答案】D

考点二：国际双重征税

	国际重复征税	国际重叠征税
征税主体	两个或两以上国家	
纳税主体	同一纳税人	不同纳税人（公司和股东）
征税对象	同一所得或税源	
税种	相同税种	税种相同或不同

【练一练】甲、乙两国均为WTO成员，甲国纳税居民马克是甲国保险公司的大股东，马克从该保险公司在乙国的分支机构获利35万美元。依《服务贸易总协定》及相关税法规则，下列哪些选项是正确的？（2016-1-82）①

A. 甲国保险公司在乙国设立分支机构，属于商业存在的服务方式

B. 马克对甲国承担无限纳税义务

C. 两国均对马克的35万美元获利征税属于重叠征税

D. 35万美元获利属于甲国人马克的所得，乙国无权对其征税

考点三：国际逃避税和"共同申报准则"（CRS）

1. 国际逃税和国际避税	国际逃税是指纳税人采用非法手段或措施，逃避或减少就其跨国所得本应承担的纳税义务的行为。 国际避税是指纳税人利用各国税法的差异或国际税收协定的漏洞，以形式上合法的方式躲避或减少就其跨国所得本应承担的纳税义务的行为。	
2. "共同申报准则"（CRS）	经合组织发布的《金融账户涉税信息自动交换标准》旨在打击跨国逃税。其中CRS是遏制跨境逃税的有效国际合作。	
	方式	国家间相互交换对方纳税居民在本国的金融账户信息。由金融机构收集信息并上报本国相关政府部门，与其他国家相关政府部门进行信息交换。负责收集信息的金融机构包括存款机构、托管机构、投资机构、特定保险机构等。
	特点	①自动性：无需理由和申请。 ②定期进行：每年一次。 ③以税收居民身份作为属人依据进行交换，即本国税收居民信息无须向外交换，非本国税收居民，依据税收身份来判定与何国交换。

【练一练】中国和新加坡都接受了《金融账户信息自动交换标准》中的"共同申报准则"（CRS），定居在中国的王某在新加坡银行和保险机构均有账户，同时还在新加坡拥有房产和收藏品等，下列哪些判断是正确的？（2019年考生回忆版）②

A. 王某可以自己持有巴拿马护照，要求新加坡不向中国报送其在新加坡的金融账户信息

B. 如中国未提供正当理由，新加坡无须向中国报送王某的金融账户信息

C. 新加坡应向中国报送王某在特定保险机构的账户信息

D. 新加坡可不向中国报送王某在新加坡的房产和收藏品信息

---

① 【答案】AB
② 【答案】CD

国际私法

第一章　国际私法的基本问题

扫描右侧二维码"听课 + 做题"，直达最佳学习效果

1. 在线听课：学习本章节核心考点讲解课程。
2. 在线刷题：点击  进入题库做章节练习。

考点一：国际私法主体

1. 自然人属人连结点	（1）国籍	
	（2）住所	自然人以户籍登记或者其他有效身份登记记载的居所为住所；经常居所与住所不一致的，经常居所视为住所。
	（3）经常居所	经常居所是《涉外民事关系法律适用法》中主要的属人法连结点。自然人在涉外民事关系产生或者变更、终止时已经连续居住一年以上且作为其生活中心的地方，人民法院可以认定为涉外民事关系法律适用法规定的自然人的经常居所地，但就医、劳务派遣、公务等情形除外。
2. 法人属人连结点	（1）国籍	我国以法人登记成立地作为其国籍国。
	（2）住所	我国将法人的主要办事机构所在地认定为其住所。
	（3）经常居所	法人的经常居所地为其主营业地。法人有两个以上营业所的，应以与产生纠纷的民事关系有最密切联系的营业所为准。

【练一练】张某居住在深圳，2008 年 3 月被深圳某公司劳务派遣到马来西亚工作，2010 年 6 月回深圳，转而受雇于香港某公司，其间每周一到周五在香港上班，周五晚上回深圳与家人团聚。2012 年 1 月，张某离职到北京治病，2013 年 6 月回深圳，现居该地。依《涉外民事关系法律适用法》（不考虑该法生效日期的因素）和司法解释，关于张某经常居所地的认定，下列哪一表述是正确的？（2013-1-37）[①]

A. 2010 年 5 月，在马来西亚

B. 2011 年 12 月，在香港

C. 2013 年 4 月，在北京

D. 2008 年 3 月至今，一直在深圳

---

① 【答案】D

考点二：冲突规范和准据法

1. 冲突规范及其构成	冲突规范是指明某种民商事法律关系应适用何国法律调整的规范，它既非实体规范，也非程序规范，而是法律适用规范。	
	系属公式	常见的系属公式有属人法、物之所在地法、行为地法、当事人合意选择的法、法院地法、旗国法、最密切联系地法，等等。
2. 准据法	依据冲突规范的指引，援用来判案的特定**实体法**。 若目标国家存在区际法律冲突，适用最密切联系原则确定准据法。	

【练一练】关于冲突规范和准据法，下列哪一判断是错误的？（2010-1-33）①

A. 冲突规范与实体规范相似

B. 当事人的属人法包括当事人的本国法和住所地法

C. 当事人的本国法指的是当事人国籍所属国的法律

D. 准据法是经冲突规范指引，能够具体确定国际民事法律关系当事人权利义务的实体法

考点三：冲突规范的种类

1. 单边冲突规范	直接规定适用某国法律的冲突规范。 例：合营企业合同的订立、效力、解释、执行及其争议的解决均应适用中国法律。
2. 双边冲突规范	只是规定一个可推定的连结点，再根据这个连结点并结合民商事法律关系的具体情况去推定应适用某法律的冲突规范。 例：不动产所有权适用不动产所在地法律。
3. 重叠适用的冲突规范	是指连结点有两个或两个以上，并且同时适用于某种民商事法律关系的冲突规范。 例：收养的条件和手续适用收养人经常居所地法律和被收养人经常居所地法律。

① 【答案】A

4. 选择适用的冲突 规范	指有两个或两个以上连结点，但只选择其中之一来调整民商事法律关系的冲突规范。 ①**无条件**选择适用的冲突规范：各系属所提供的可供选择的法律并无先后顺序，任意选择适用。 例：结婚手续，符合婚姻缔结地法律、一方当事人经常居所地法律或国籍国法律的，均为有效。 ②**有条件**选择适用的冲突规范：各系属所供选择的法律有主次轻重之分，只允许依次序或有条件地选择其一作为国际民商事法律关系的准据法。 例：当事人可以协议选择动产物权适用的法律，当事人没有选择的，适用法律事实发生时动产所在地法律。

考点四：适用冲突规范的制度

1. 定性	《涉外民事关系法律适用法》第 8 条规定，涉外民事关系的定性，适用法院地法律。
2. 反致	包括：直接反致、转致、间接反致、包含直接反致的转致等。我国不采用转反致。 《涉外民事关系法律适用法》第 9 条规定，涉外民事关系适用的外国法律，**不包括该国的法律适用法**。 （图示：倒三角形，顶部左侧 B，顶部右侧 C，底部 A）
3. 外国法查明	①当事人选择适用外国法律的，应当提供该法律。审案机关没有补充查明义务。 ②并非当事人选择适用外国法的情况下，由审案机关查明，**可**要求当事人协助。 ③不能查明或者该国法律无规定的，适用中国法。 **查明途径**：当事人提供，对方中央或主管机关（司法协助），驻外及外国驻华使领馆（经最高院），合作机制（最高院建立或参与的），法律查明服务机构，专家，其他。 **审查程序**：**法院**认为必要或依当事人**申请**，可要求服务机构或专家出庭说明。 **审查标准**：当事人对外国法有异议需说明理由，生效裁判已查明认定的外国法，人民法院应当予以确认。
4. 公共秩序保留	外国法律的适用将损害中华人民共和国社会公共利益的，适用中华人民共和国法律。
5. 直接适用的法	直接适用的法是指无须冲突规范指引而直接适用于涉外民事关系的法律、行政法规。有关以下"**一保护、两反、三安全**"的法律和行政法律，人民法院应认定为直接适用的强制性规定。 ①涉及劳动者权益保护的；②涉及反垄断、反倾销的；③涉及食品或公共卫生安全的、涉及环境安全的、涉及外汇管制等金融安全的。
6. 法律规避	最高人民法院关于适用《〈中华人民共和国涉外民事关系法律适用法〉若干问题的解释（一）》第 9 条规定，一方当事人故意制造涉外民事关系的连结点，规避中华人民共和国法律、行政法规的强制性规定的，人民法院应认定为不发生适用外国法律的效力。

考点五：准据法的选择方法

1. 根据当事人协议确定准据法（意思自治）	（1）中国法律没有明确规定当事人可以选择涉外民事关系适用的法律，当事人选择适用法律的，选择无效。 （2）选择方式包括书面、口头、各方援引相同法律且未提出法律适用异议的行为等。 （3）应在**一审法庭辩论终结前**进行选择。 （4）除非法律规定，被选择法律与系争涉外民事关系不要求存在实际联系。 （5）当事人可以选择尚未对中国生效的国际条约及国际惯例。
2. 根据分割方法来确定准据法	案件涉及两个或两个以上涉外民事关系时，法院应**分别确定应适用的法律**。诉讼时效，适用相关涉外民事关系应当适用的法律。

第二章　国际民商事关系的法律适用

扫描右侧二维码"听课＋做题"，直达最佳学习效果
1. 在线听课：学习本章节核心考点讲解课程。
2. 在线刷题：点击🏠进入题库做章节练习。

考点一：权利能力和行为能力的法律适用

1. 自然人	（1）一般自然人	①自然人的民事权利能力和民事行为能力、宣告失踪和宣告死亡、人格权的内容，适用经常居所地法律。 ②自然人从事民事活动，依照经常居所地法律为无民事行为能力，依照行为地法律为有民事行为能力的，适用行为地法律，但涉及婚姻家庭、继承的除外。
	（2）票据债务人	①票据债务人的民事行为能力，适用其本国法律（即国籍国法）。 ②票据债务人的民事行为能力，依照其本国法律为无民事行为能力或者为限制民事行为能力，而依照行为地法律为完全民事行为能力的，适用行为地法律。
2. 法人		法人及其分支机构的民事权利能力、民事行为能力、组织机构、股东权利义务等事项，适用登记地法律。法人的主营业地与登记地不一致的，可以适用主营业地法律。

考点二：物权的法律适用

1 一般物权	（1）不动产	不动产物权，适用不动产所在地法律。
	（2）动产	当事人协议选择动产物权适用法律的，选择优先。当事人没有选择的，适用法律事实发生时动产所在地法律。
2. 特殊物权	（1）船舶物权	①船舶的所有权和一般抵押权适用船旗国法。 ②船舶优先权适用法院地法。 ③特殊抵押权，即船舶光船租赁以前或期间设立船舶抵押权的，适用原船舶登记国法。
	（2）民用航空器物权	①民用航空器的所有权和抵押权适用国籍登记国法。 ②民用航空器优先权适用法院地法。
	（3）运输中的动产	当事人协议选择运输中动产物权发生变更所适用的法律的，选择优先。当事人没有选择的，适用运输目的地法律。
	（4）有价证券	有价证券，适用有价证券权利实现地法律或者其他与该有价证券有最密切联系的法律。
	（5）权利质权	权利质权，适用质权设立地法律。

【练一练】2014年1月，北京居民李某的一件珍贵首饰在家中失窃后被窃贼带至甲

国。同年 2 月，甲国居民陈某在当地珠宝市场购得该首饰。2015 年 1 月，在获悉陈某将该首饰带回北京拍卖的消息后，李某在北京某法院提起原物返还之诉。关于该首饰所有权的法律适用，下列哪一选项是正确的？（2015-1-36）[①]

A. 应适用中国法

B. 应适用甲国法

C. 如李某与陈某选择适用甲国法，不应支持

D. 如李某与陈某无法就法律选择达成一致，应适用甲国法

考点三：合同的法律适用

1. 一般合同	当事人协议选择的法律优先。当事人没有选择的，适用与该合同有最密切联系的法律（依特征性履行原则确定最密切联系地）。	
2. 特殊合同	（1）在中国履行的特殊合同	在中国境内履行的中外合资经营企业合同、中外合作经营企业合同、中外合作勘探开发自然资源合同等，适用中国法律。
	（2）消费者合同	①消费者选择适用商品、服务提供地法律的，选择优先；②若消费者未选择，经营者在消费者经常居所地从事相关经营活动的，适用消费者经常居所地法律；③经营者在消费者经常居所地没有从事相关经营活动的，适用商品、服务提供地法律。
	（3）劳动合同	劳动合同，适用劳动者工作地法律；难以确定劳动者工作地的，适用用人单位主营业地法律。劳务派遣，可以适用劳务派出地法律。

【练一练】甲国公司与乙国航运公司订立海上运输合同，由丙国籍船舶"德洋号"运输一批货物，有关"德洋号"的争议现在中国法院审理。根据我国相关法律规定，下列哪一选项是正确的？（2010-1-35）[②]

A. 该海上运输合同应适用船旗国法律

B. 有关"德洋号"抵押权的受偿顺序应适用法院地法律

C. 有关"德洋号"船舶优先权的争议应适用丙国法律

D. 除法律另有规定外，甲国公司与乙国航运公司可选择适用海上运输合同的法律

【练一练】甲国公民大卫被乙国某公司雇佣，该公司主营业地在丙国，大卫的工作内容为巡回于东亚地区进行产品售后服务，后双方因劳动合同纠纷诉诸中国某法院。关于该纠纷应适用的法律，下列哪一选项是正确的？（2014-1-38）[③]

A. 中国法   B. 甲国法

C. 乙国法   D. 丙国法

---

① 【答案】D
② 【答案】D
③ 【答案】D

考点四：侵权行为的法律适用

1. 一般侵权	（1）侵权行为发生后，当事人协议选择适用法律的，选择优先。 （2）当事人未选择，但当事人有共同经常居所地的，适用共同经常居所地法律。 （3）否则适用侵权行为地法律。	
2. 特殊侵权	（1）海事侵权	①同一国籍的船舶，不论碰撞发生于何地，碰撞船舶之间的损害赔偿适用船旗国法律。 ②船舶在公海上发生碰撞的损害赔偿，适用法院地法律。 ③船舶在领水发生碰撞的损害赔偿，适用侵权行为地法律。 ④海事赔偿责任限制，适用法院地法律。 ⑤共同海损理算，适用理算地法律。
	（2）民航侵权（空对地）	①民用航空器对地面第三人的损害赔偿，适用侵权行为地法律。 ②民用航空器在公海上空对水面第三人的损害赔偿，适用法院地法律。
	（3）产品责任	①被侵权人选择适用侵权人主营业地法律、损害发生地法律的，选择优先。 ②若被侵权人未选择，侵权人在被侵权人经常居所地从事相关经营活动的，适用被侵权人经常居所地法律。 ③若被侵权人未选择，侵权人在被侵权人经常居所地没有从事相关经营活动的，适用侵权人主营业地法律或者损害发生地法律。
	（4）侵犯人格权	通过网络或者采用其他方式侵害姓名权、肖像权、名誉权、隐私权等人格权的，适用被侵权人经常居所地法律。

【练一练】中国甲公司将其旗下的"东方号"货轮光船租赁给韩国乙公司，为便于使用，"东方号"的登记国由中国变更为巴拿马。现"东方号"与另一艘巴拿马籍货轮在某海域相撞，并被诉至中国某海事法院。关于本案的法律适用，下列哪一选项是正确的？（2017-1-37）①

A. 两船碰撞的损害赔偿应适用中国法

B. 如两船在公海碰撞，损害赔偿应适用《联合国海洋法公约》

C. 如两船在中国领海碰撞，损害赔偿应适用中国法

D. 如经乙公司同意，甲公司在租赁期间将东方号抵押给韩国丙公司，该抵押权应适用中国法

---

① 【答案】D

考点五：知识产权、不当得利和无因管理的法律适用

1. 知识产权	（1）归属和内容	知识产权的归属和内容，适用被请求保护地法律。
	（2）转让和许可	①知识产权的转让和许可，本质上属于技术转让和许可合同关系，与一般合同法律适用相同。 ②当事人协议选择的法律优先。当事人没有选择的，适用与该合同有最密切联系的法律（依特征性履行原则确定最密切联系地）。
	（3）侵权	①在侵权行为发生后当事人协议选择适用法院地法律的，选择优先。 ②没有选择的，知识产权的侵权责任，适用被请求保护地法律。
2. 不当得利和无因管理	（1）当事人协议选择的法律优先适用。 （2）当事人没有选择的，适用当事人共同经常居所地法律。 （3）当事人没有共同经常居所地的，适用不当得利、无因管理发生地法律。	

【练一练】韩国甲公司为其产品在中韩两国注册了商标。中国乙公司擅自使用该商标生产了大量仿冒产品并销售至中韩两国。现甲公司将乙公司诉至中国某法院，要求其承担商标侵权责任。关于乙公司在中韩两国侵权责任的法律适用，依中国法律规定，下列哪些选项是正确的？（2016-1-79）①

A. 双方可协议选择适用中国法

B. 均应适用中国法

C. 双方可协议选择适用韩国法

D. 如双方无法达成一致，则应分别适用中国法与韩国法

【练一练】张某在法国巴黎留学，中国明星李某经常居所地在德国柏林。张某偷拍李某很多照片并上传到中国某网站，李某在中国某人民法院起诉张某侵犯其隐私权。下列哪一判断是正确的？（2022年考生回忆版）②

A. 张某和李某可在一审法庭辩论终结前选择适用法国法

B. 若依德国冲突规范该案应适用被侵权人国籍国法，法院应适用中国法

C. 本案的诉讼时效应适用中国法

D. 本案适用的法律应由法院查明

---

① 【答案】AD
② 【答案】D

考点六：商事关系的法律适用

1. 票据	（1）票据行为方式	①票据行为（出票、背书、承兑、付款和保证行为），适用行为地法律。 ②支票出票时的记载事项，当事人协议选择适用付款地法的，选择优先。没有选择的，仍适用行为地法（即出票地法律）。
	（2）追索权行使期限	票据追索权的行使期限，适用出票地法律。
	（3）持票人责任	票据的提示期限、有关拒绝证明的方式、出具拒绝证明的期限，适用付款地法律。
	（4）保全程序	票据丧失时，失票人请求保全票据权利的程序，适用付款地法律。
2. 代理		（1）委托代理当事人协议选择法律的，选择优先。 （2）代理（包括委托代理未选择法律情形和所有法定代理情形）中，被代理人与代理人的民事关系，适用代理关系发生地法律。 （3）代理中的其他问题（如代理人与第三人之间的民事关系），适用代理行为地法。
3. 信托		（1）当事人协议选择信托所适用法律的，选择优先。 （2）当事人未选择的，适用信托财产所在地法律或者信托关系发生地法律。
4. 涉外独立保函		（1）开立人（担保人）和受益人的涉外独立保函纠纷：双方协议选择法律优先→开立人经常居所地法律，独立保函由金融机构依法登记设立的分支机构开立的，适用分支机构登记地法律。 （2）涉外独立保函欺诈纠纷：双方协议选择法律优先→当事人共同经常居所地法律→被请求止付的独立保函的开立人经常居所地法律；独立保函由金融机构依法登记设立的分支机构开立的，适用分支机构登记地法律。 （3）涉外独立保函止付保全程序，适用中华人民共和国法律。

【练一练】中国公民李某在柏林签发一张转账支票给德国甲公司用于支付货款，付款人为中国乙银行北京分行；甲公司在柏林将支票背书转让给中国丙公司，丙公司在北京向乙银行请求付款时被拒。关于该支票的法律适用，依中国法律规定，下列哪一选项是正确的？（2017-1-36）①

A. 如李某依中国法为限制民事行为能力人，依德国法为完全民事行为能力人，应适用德国法

B. 甲公司对该支票的背书行为，应适用中国法

C. 丙公司向甲公司行使票据追索权的期限，应适用中国法

D. 如丙公司不慎将该支票丢失，其请求保全票据权利的程序，应适用德国法

---

① 【答案】A

考点七：婚姻关系的法律适用

1. 结婚	（1）条件	依以下顺序： ①适用当事人共同经常居所地法律； ②没有共同经常居所地的，适用共同国籍国法律； ③没有共同国籍的，在一方当事人经常居所地或者国籍国缔结婚姻的，适用婚姻缔结地法律。
	（2）手续	结婚手续，符合婚姻缔结地法律、一方当事人经常居所地法律或者国籍国法律的，均为有效。（无条件选择适用）
2. 夫妻关系	（1）人身关系	①适用当事人共同经常居所地法律； ②没有共同经常居所地的，适用共同国籍国法律。
	（2）财产关系	①夫妻双方协议选择适用一方当事人经常居所地法律、国籍国法律或者主要财产所在地法律的，选择优先； ②未选择时，适用当事人共同经常居所地法律； ③没有共同经常居所的，适用共同国籍国法律。
3. 离婚	（1）协议离婚	①双方协议选择适用一方当事人经常居所地法律、国籍国法律的，选择优先； ②未选择时，适用当事人共同经常居所地法律； ③没有共同经常居所的，适用共同国籍国法律； ④若经常居所和国籍均不同，适用办理离婚手续机构所在地法律。
	（2）诉讼离婚	适用法院地法律。

结婚条件：

协议离婚：意思自治
（一方经常居所地法、国籍法）

财产关系：意思自治（一方经常居所地法、国籍法、财产地法）

人身关系：

共同经常居所地法 → 共同国籍国法

→ 行为地法（婚姻缔结地）

→ 行为地法（机构所在地）

考点八：家庭关系的法律适用

1. 父母子女关系	（1）父母子女人身、财产关系，适用共同经常居所地法律； （2）没有共同经常居所地的，适用一方当事人经常居所地法律或者国籍国法律中有利于保护弱者权益的法律。

2. 收养	（1）收养的条件和手续，适用收养人和被收养人经常居所地法律。 （2）收养的效力，适用收养时收养人经常居所地法律。 （3）收养关系的解除，适用收养时被收养人经常居所地法律或者法院地法律。 （4）收养程序： 　外国人应该通过外国收养组织向中国收养组织转交申请，并提供家庭情况报告证明 　外国人应亲自来华办理登记手续（夫妻共同收养应**共同来**，一方不能来应**书面委托另一方**） 　外国人来华收养子女，应当与送养人订立**书面**收养协议
3. 扶养	适用一方当事人**经常居所地**法律、**国籍国**法律或者**主要财产所在地**法律中**有利于保护被扶养人权益**的法律。
4. 监护	适用一方当事人**经常居所地**法律或者**国籍国**法律中**有利于保护被监护人权益**的法律。

【练一练】中国公民王某将甲国公民米勒诉至某人民法院，请求判决两人离婚、分割夫妻财产并将幼子的监护权判决给她。王某与米勒的经常居所及主要财产均在上海，其幼子为甲国籍。关于本案的法律适用，下列哪些选项是正确的？（2017-1-78）①

A. 离婚事项，应适用中国法

B. 夫妻财产的分割，王某与米勒可选择适用中国法或甲国法

C. 监护权事项，在甲国法与中国法中选择适用有利于保护幼子利益的法律

D. 夫妻财产的分割与监护权事项均应适用中国法

【练一练】经常居住于英国的法国籍夫妇甲和乙，想来华共同收养某儿童。对此，下列哪一说法是正确的？（2014-1-37）②

A. 甲、乙必须共同来华办理收养手续

B. 甲、乙应与送养人订立书面收养协议

C. 收养的条件应重叠适用中国法和法国法

D. 若发生收养效力纠纷，应适用中国法

考点九：继承的法律适用

1. 法定继承	（1）不动产法定继承，适用**不动产所在地**法律。 （2）其他财产的法定继承，适用**被继承人死亡时经常居所地**法律。
2. 遗嘱继承	（1）遗嘱方式，符合遗嘱人**立遗嘱时或者死亡时经常居所地法律、国籍国法律或者遗嘱行为地**法律的，遗嘱均为成立。 （2）遗嘱效力，适用遗嘱人**立遗嘱时或者死亡时经常居所地法律或者国籍国法律**。
3. 遗产管理	遗产管理等事项，适用**遗产所在地**法律。
4. 无人继承的财产	无人继承遗产的归属，适用**被继承人死亡时遗产所在地**法律。

【练一练】经常居所在上海的瑞士公民怀特未留遗嘱死亡，怀特在上海银行存有100万元人民币，在苏黎世银行存有10万欧元，且在上海与巴黎各有一套房产。现其继承人因遗产分割纠纷诉至上海某法院。依中国法律规定，下列哪些选项是正确的？

---

① 【答案】ABC
② 【答案】B

（2016-1-78）[1]

    A. 100 万元人民币存款应适用中国法

    B. 10 万欧元存款应适用中国法

    C. 上海的房产应适用中国法

    D. 巴黎的房产应适用法国法

---

[1] 【答案】ABCD

第三章　国际民商事争议的解决

扫描右侧二维码"听课＋做题"，直达最佳学习效果
1. 在线听课：学习本章节核心考点讲解课程。
2. 在线刷题：点击 进入题库做章节练习。

第一节　国际商事仲裁

考点一：仲裁协议有效性的认定

1. 认定机构	当事人对仲裁协议的效力有异议的，可以请求仲裁委员会作出决定或者请求人民法院作出裁定。一方请求仲裁委员会作出决定，另一方请求人民法院作出裁定的，由人民法院裁定。
2. 法院认定仲裁协议效力的法律适用	（1）当事人协议选择仲裁协议所适用法律的，协议优先。 （2）当事人没有选择的，适用仲裁机构所在地法律或者仲裁地法律中认定仲裁协议有效的法律。 （3）既没有选择适用的法律，又无法得知仲裁机构或仲裁地的，适用中国法律认定仲裁协议的效力。
3. 我国认定仲裁协议无效的报核制度	各中级人民法院或者专门法院经审查认定涉外、涉港澳台仲裁协议无效的，应当向本辖区所属高级人民法院报核；高级人民法院经审查拟同意的，应当向最高人民法院报核。待最高人民法院审核后，方可依最高人民法院的审核意见作出裁定。

【练一练】中国 A 公司与甲国 B 公司签订货物买卖合同，约定合同争议提交中国 C 仲裁委员会仲裁，仲裁地在中国，但对仲裁条款应适用的法律未作约定。后因货物质量问题双方发生纠纷，中国 A 公司依仲裁条款向 C 仲裁委员会提起仲裁，但 B 公司主张仲裁条款无效。根据我国相关法律规定，关于本案仲裁条款的效力审查问题，下列哪些判断是正确的？（2012-1-78）[①]

　　A. 对本案仲裁条款的效力，C 仲裁委员会无权认定，只有中国法院有权审查

　　B. 对本案仲裁条款的效力，如 A 公司请求 C 仲裁委员会作出决定，B 公司请求中国法院作出裁定的，由中国法院裁定

　　C. 对本案仲裁条款效力的审查，应适用中国法

　　D. 对本案仲裁条款效力的审查，应适用甲国法

---

① 【答案】BC

考点二：涉外仲裁程序中的财产保全和证据保全

1. 财产保全	（1）管辖	涉外仲裁机构应将当事人财产保全申请提交被申请人住所地或其财产所在地的中级人民法院作出裁定。
	（2）担保	申请人应当提供担保，否则驳回申请。
2. 证据保全	（1）管辖	涉外仲裁机构应将当事人证据保全申请提交证据所在地的中级人民法院作出裁定。
	（2）担保	法院经审查认为无须提供担保的，申请人可不提供担保。

考点三：申请撤销本国仲裁机构所作的涉外仲裁裁决

1. 程序	对于中国的涉外仲裁裁决，当事人可以在收到裁决书之日起 6 个月内，向仲裁机构所在地的中级人民法院申请撤销。 人民法院应当组成合议庭审理，并询问当事人。	
2. 撤销情形	（1）无协议	当事人在合同中没有订立仲裁条款或者事后没有达成书面仲裁协议。
	（2）未保障被申请人程序性权利	被申请人没有得到指定仲裁员或进行仲裁程序的通知，因不属于个人的原因未能陈述意见。
	（3）组庭或庭审程序不合规	仲裁庭的组成或者仲裁程序与仲裁规则不符。
	（4）超裁	裁决的事项不属于仲裁协议的范围或者仲裁机构无权仲裁。
3. 法院裁定撤销涉外仲裁裁决的应内部报核。		

考点四：外国仲裁裁决的承认与执行

1. 申请与管辖	国外仲裁机构的裁决，需要中国法院承认和执行的，应当由当事人直接向被执行人住所地或者其财产所在地的中级人民法院申请。
2. 依据	依据条约，或者按照互惠原则办理。
3.《纽约公约》	我国已加入 1958 年《纽约公约》，因此对于另一缔约国领土内作出的仲裁裁决应适用公约的有关规定。我国对公约作出两项保留。 ①互惠保留，即我国只对在另一缔约国领土内作出的裁决适用该公约。 ②商事保留，即我国仅对由契约性或非契约性商事法律关系引起的争议所作的裁决适用公约的规定。
4. 程序	（1）法院应在受理申请之日起 2 个月内作出裁定，裁定承认的，如无特殊情况，应在裁定后 6 个月内执行完毕。 若当事人只申请承认的，法院予以承认后，当事人申请执行的期限为 2 年。 （2）决定不予承认和执行的，实行内部报核制度。

【练一练】2015 年 3 月，甲国公民杰夫欲向中国法院申请承认并执行一项在甲国境内作出的仲裁裁决。中国与甲国均为《承认与执行外国仲裁裁决公约》成员国。关于该

裁决的承认和执行,下列哪一选项是正确的?(2015-1-38)[①]

A. 杰夫应通过甲国法院向被执行人住所地或其财产所在地的中级人民法院申请

B. 如该裁决系临时仲裁庭作出的裁决,人民法院不应承认与执行

C. 如承认和执行申请被裁定驳回,杰夫可向人民法院起诉

D. 如杰夫仅申请承认而未同时申请执行该裁决,人民法院可以对是否执行一并作出裁定

第二节 国际民事诉讼

考点一:外国人的民事诉讼地位

1. 诉讼代理	(1) 一般	①外国当事人需要委托律师代理诉讼的,必须委托我国律师。②委托其本国律师或公民:涉外民事诉讼中的当事人,可以委托其本国人为诉讼代理人,也可以委托其本国律师以非律师身份代理诉讼。
	(2) 领事代理制	①外国当事人可以委托其本国驻华使领馆官员以个人名义担任诉讼代理人,但诉讼中不享有外交或领事特权与豁免。②外国当事人本国驻华使领馆可授权其本馆官员,以外交代表身份为其本国国民聘请中国律师或公民代理民事诉讼,此种外交代表代为聘任代理人的行为是行使外交或领事职权,享有特权与豁免。
2. 身份证明	(1) 外国人	外国人参加诉讼,应当向人民法院提交护照等身份证明。
	(2) 外国企业或组织	须向法院出示两份证明:外国企业的身份证明、代表人的身份证明。证明手续如下:①外国企业或组织参加诉讼,向法院提交的身份证明,应当经所在国公证机关公证(再依该国与中国是否有外交关系分以下两种认证):其一,再经中国驻该国使领馆认证。其二,若中国与该国间没有外交关系,则通过与中国有外交关系的第三国驻该国使领馆认证,再转由中国驻该第三国使领馆认证。②或者依照两国共同参加的有关条约中规定的证明手续。
	(3) 授权委托书	外国当事人委托代理人进行诉讼的授权委托书,符合下列情形,我国法院予以认可:①在我国法官的见证下签署;②外国当事人在中国境内签署,经我国公证机构公证;③在我国境外签署,依上述身份证明有关公证与使领馆认证的手续或依有关条约。
3. 诉讼语言		当事人向人民法院提交的外文书面材料,应当同时提交中文翻译件。对中文翻译件有异议的,当事人应共同委托翻译机构提供翻译文本,对翻译机构的选择不能达成一致的,由人民法院确定。

【练一练】英国人施密特因合同纠纷在中国法院涉诉。关于该民事诉讼,下列哪一选项是正确的?(2015-1-39)[②]

---

① 【答案】C
② 【答案】C

A. 施密特可以向人民法院提交英文书面材料，无须提供中文翻译件

B. 施密特可以委托任意一位英国出庭律师以公民代理的形式代理诉讼

C. 如施密特不在中国境内，英国驻华大使馆可以授权本馆官员为施密特聘请中国律师代理诉讼

D. 如经调解双方当事人达成协议，人民法院已制发调解书，但施密特要求发给判决书，应予拒绝

考点二：管辖权

1. 拒绝管辖	又称**不方便法院**原则，指当案件与中国关联不大，我国法院不方便管辖，外国法院享有管辖权且方便管辖时，我国法院可以裁定驳回起诉，告知向更方便的外国法院起诉。
2. 平行诉讼	我国允许平行诉讼，但适用以下原则。 ①**判决在先原则**。 ②**一事不再理原则**。
3. 国际商事法庭管辖权	根据最高人民法院《关于设立国际商事法庭若干问题的规定》，国际商事法庭受理下列五类案件。 ①当事人协议选择最高人民法院管辖，且标的额 3 亿元以上的一审国际商事案件。 ②高级人民法院管辖的第一审国际商事案件，认为需由最高人民法院审理并获准许。 ③在全国有重大影响的第一审国际商事案件。 ④经最高人民法院选定与国际商事法庭"一站式"解决纠纷的国际商事仲裁机构所仲裁案件的仲裁保全、仲裁裁决的撤销与执行。 ⑤最高人民法院认为应当由国际商事法庭管辖的。 **注**：当事人提交的证据材料系英文且经对方当事人同意的，可以不提交中文翻译件。

【**练一练**】中国甲公司和美国乙公司签订 1 亿美元标的额的买卖合同，合同约定纠纷由中国国际商事法庭管辖。根据我国相关法律规定，以下表述正确的是哪一项？（2019年考生回忆版）[①]

A. 因为违反级别管辖，合同中选择国际商事法庭的约定无效

B. 若国际商事法庭受理此案，可以直接委托国际商事专家委员会调解

C. 若国际商事法庭受理此案并作出判决，败诉方不能上诉

D. 若国际商事法庭受理此案，双方视为均同意可以用英文进行案件的审理

---

① 【答案】C

考点三：域外送达

1.送达方式	我国法院对在中国境内没有住所的当事人送达诉讼文书的方式有： ①依条约规定的送达方式向缔约国送达。 ②没有条约关系的，通过外交途径送达。 ③委托我国驻受送达人所在国使领馆送达（只能向具有中国国籍的人送达）。 ④向受送达人委托的有权代其接收送达的诉讼代理人送达。 ⑤向受送达人在中国境内的代表机构或有权接收送达的分支机构、业务代办人送达。 ⑥邮寄送达（前提是受送达人所在国法律允许）。 ⑦以传真、电子邮件等能够确认受送达人收悉的方式送达。 ⑧向在我国境内出现的受送达人或其法定代表人、主要负责人（董事、监事、高管）送达。 ⑨不能用上述方式送达的，公告送达（兜底）。 外国法院向我国境内的受送达人送达的方式有： ①依该国与我国缔结或共同参加的条约所规定的方式送达。 ②没有条约关系的，通过外交途径送达。 ③外国驻我国使领馆可以向其本国公民送达文书，但不得违反我国法律，不得采取强制措施。
2.是否送达的认定	（1）邮寄方式送达的，自邮寄之日起满3个月，若根据各种情况都不足以认定已送达的，视为不能送达。 （2）以公告方式送达的，公告之日起满3个月视为已送达。 （3）留置送达：法院向受送达人在中国领域内的法定代表人、主要负责人、诉讼代理人、代表机构以及有权接受送达的分支机构、业务代办人送达司法文书，可以适用留置送达的方式。
3.《海牙送达公约》	（1）缔约国不得因案件属于该国专属管辖而拒绝送达。 （2）对于国外按照公约提交的未附有中文译本，但附有英文、法文译本的文书，法院仍应予以送达，但当事人有权以未附有中文译本为由拒收。 （3）送达途径。 外国文书向中国｛外国法院 → 该国驻华使领馆 → 司法部 → 最高人民法院 → 有关法院 → 受送达人 我国文书向外国｛有关人民法院 → 最高人民法院 → 司法部（或我国驻该国使馆）→ 被请求国中央机关

【练一练】中国某法院审理一起涉外民事纠纷，需要向作为被告的外国某公司进行送达。根据《关于向国外送达民事或商事司法文书和司法外文书公约》（《海牙送达公约》）、中国法律和司法解释，关于该案件的涉外送达，法院下列哪一做法是正确的？（2013-1-39）①

A. 应首先按照《海牙送达公约》规定的方式进行送达

B. 不得对被告采用邮寄送达方式

C. 可通过中国驻被告所在国使领馆向被告进行送达

D. 可通过电子邮件方式向被告送达

---

① 【答案】D

考点四：域外调取证据

1. 代为取证	以公约为基础，以**请求书**的方式进行，通过被请求国指定的中央机关（司法部）提出，仅限于调取司法程序的证据。
2. 领事取证	通过本国驻他国领事或外交人员在驻在国直接调取证据，但只能向本国国民调查取证，且不得违反当地法律，不得采取强制措施。
3. 特派员取证、当事人或诉讼代理人自行取证是我国原则上不允许的两种取证方式。	

考点五：外国法院判决的承认与执行

1. 依据	有**条约和互惠**关系是我国承认外国法院判决的前提。 外国法院离婚判决中**解除夫妻身份关系**的判项除外，财产分割、生活费负担、子女抚养方面的内容仍然以条约或互惠关系为前提。	
2. 程序	（1）申请主体	由**当事人、外国法院**按照条约的规定或者互惠原则请求我国法院承认和执行。
	（2）管辖	由被执行人住所地或财产所在地的中级人民法院管辖。
	（3）期间	①当事人申请承认和执行外国法院判决、裁定的期间为 2 年。 ②当事人仅申请承认的，自法院作出承认的裁定生效之日起重新计算 2 年申请执行的期间。
3. 条件	（1）请求承认与执行的判决或裁定必须是已经发生法律效力的判决或裁定。 （2）外国判决、裁定不违反我国法律的基本原则，或者不违反我国的公共利益。 （3）如系缺席判决，申请人应同时提交外国法院已经合法传唤和送达的证明文件，或在判决、裁定中对以上情况作出说明。 （4）判决在先原则。若我国法院已经对当事人之间相同诉因作出判决，则不予承认外国法律的判决和裁定。 （5）案件不属于我国法院专属管辖。	

【**练一练**】Y 国人朴某与中国人杨某在 Y 国诉讼离婚，朴某向杨某住所地的中国某法院申请承认和执行 Y 国法院的判决。中国和 Y 国之间没有关于法院判决承认和执行的双边协议，也没有相应的互惠关系。根据我国相关法律法规，下列哪一判断是正确的？（2019 年考生回忆版）[①]

A. 法院应依两国既无双边协议也无互惠关系，拒绝承认和执行 Y 国离婚判决

B. 若 Y 国离婚判决是在杨某缺席且未得到合法传唤情况下作出的，法院应拒绝承认

C. 若法院已经受理了朴某的申请，杨某向同一法院起诉离婚的，法院应当受理

D. 若法院已经受理了朴某的申请，朴某不得撤回其申请

---

① 【答案】B

第四章　区际司法协助

扫描右侧二维码"听课 + 做题"，直达最佳学习效果
1. 在线听课：学习本章节核心考点讲解课程。
2. 在线刷题：点击 🏠 进入题库做章节练习。

考点一：区际文书送达

区际文书送达与外国文书送达比较	涉台送达共八种	涉港澳送达共七种	涉外送达后六种	涉外送达共九种，其中后六种也适用于内地（大陆）与港澳台之间。 ①向受送达人委托的有权代其接收送达的诉讼代理人送达。 ②向受送达人在我国内地的代表机构或有权接收送达的分支机构、业务代办人送达。 ③邮寄送达（前提是受送达人所在地法律允许）。 ④以传真、电子邮件等能够确认受送达人收悉的方式送达。 ⑤向在内地出现的受送达人或其法定代表人、主要负责人（董事、监事、高管等）送达。 ⑥不能用其他方式送达的，公告送达（兜底）。
			⑦委托送达（见考点二）。涉港澳台都有委托送达途径。
			⑧指定代收人送达。仅适用于涉台送达。

考点二：区际委托送达司法文书

1.委托送达途径	（1）涉港	①双方各级法院均有权委托送达司法文书，但须通过内地各高级人民法院和香港特区高等法院进行。 ②内地最高人民法院的司法文书可直接委托香港高等法院。	最高人民法院→ 香港高等法院 高级人民法院⇆
	（2）涉澳	①澳门与内地法院相互委托送达司法文书，均须经内地各高级人民法院和澳门特区终审法院进行。 ②最高人民法院与澳门终审法院可直接相互委托送达。 ③最高人民法院可以授权部分中级人民法院、基层人民法院与澳门特别行政区终审法院相互委托送达和调取证据。经授权的内地中级人民法院、基层人民法院收到澳门终审法院委托书后，认为不属于本院管辖的，应当报请高级人民法院处理。 ④请求送达司法文书的委托书应盖有法院印章或由法官签名。	最高人民法院⇆ ↓ 高级人民法院⇆ 中级或基层法院⇆ 澳门终审法院 网络委托平台：相互委托送达司法文书通过内地与澳门司法协助网络平台以电子方式转递，若不能用网络平台转递的，采用邮寄方式。
	（3）涉台	台湾地区法院与大陆法院相互委托司法文书送达须经各高级人民法院和台湾地区法院进行。	高级人民法院⇆ 台湾地区法院
2.期限	上述内地与港澳台所涉法院在收到委托书之日起的2个月内完成送达。 受托法院无法送达的，应当及时书面回复委托方法院。		

送达期限：2个月（自收到委托书之日起）
费用：送达免费，但需支付因送达而实际产生的费用

考点三：区际委托调查取证

1.委托取证途径	（1）涉港	①内地法院与香港法院就民商事案件相互委托提取证据，须通过各自指定的联络机关进行。内地联络机关为各高级人民法院，香港指定特区政府政务司司长办公室所辖行政署为联络机关。 ②最高人民法院可直接通过香港特区指定的以上联络机关提取证据。 ③香港特区法院委托内地取证的委托书应加盖香港高等法院印章。	‖最高人民法院→‖ ‖高级人民法院⇆‖　香港政务司行政署
		期限：内地与香港间委托调取证据最迟不得超过自收到委托书之日起6个月。	
	（2）涉澳	①涉澳委托取证途径与涉澳委托送达一致（同上表涉澳委托送达途径①②③）。 ②受委托方法院可以根据委托方法院的请求，并经证人、鉴定人同意，协助安排其辖区的证人、鉴定人通过视频、音频作证。	‖最高人民法院⇆‖ ↓ 高级人民法院⇆　澳门终审法院 中级或基层法院⇆ 网络委托平台
		期限：内地与澳门间委托取证时间最迟不得超过自收到委托书之日起3个月。	
2.其他	（1）材料语言：涉港澳委托书及相关材料应以中文文本提出。没有中文文本，应当提供中文译本。 （2）如果委托方请求在受委托方取证时到场，以及参与录取证言的程序，受委托方可以按照其辖区内相关法律规定予以考虑批准。		

取证期限：澳门3个月，香港6个月（自收到委托书之日起）
费用：取证免费，但需支付因取证而实际产生的费用

【练一练】内地某中级人民法院审理一起涉及澳门特别行政区企业的商事案件，需委托澳门特别行政区法院进行司法协助。关于该司法协助事项，下列哪些表述是正确的？（2013-1-79）[①]

A.该案件司法文书送达的委托，须通过该中级人民法院所属高级法院转交澳门特别行政区终审法院

B.澳门特别行政区终审法院有权要求该中级人民法院就其中文委托书提供葡萄牙语译本

C.该中级人民法院可以请求澳门特别行政区法院协助调取与该案件有关的证据

---

① 【答案】ACD

D. 在受委托方法院执行委托调取证据时，该中级人民法院司法人员经过受委托方允许可以出席并直接向证人提问

考点四：内地（大陆）与港澳台相互认可与执行民商事判决

<table>
<tr><td rowspan="4">1. 适用范围</td><td rowspan="2">港</td><td colspan="2">（1）《关于内地与香港特别行政区法院相互认可和执行民商事案件判决的安排》（2019）</td></tr>
<tr><td colspan="2">（2）《关于内地与香港特别行政区法院相互认可和执行婚姻家庭民事案件判决的安排》（2019）</td></tr>
<tr><td>澳</td><td colspan="2">《内地与澳门特别行政区关于相互认可和执行民商事判决的安排》（2006）</td></tr>
<tr><td>台</td><td colspan="2">《关于认可和执行台湾地区法院民事判决的规定》（2015）</td></tr>
<tr><td rowspan="8">2. 管辖</td><td rowspan="4">涉港</td><td></td><td>涉港民商事案件</td><td>涉港婚姻家庭案件</td></tr>
<tr><td>（1）内地</td><td>向申请人住所地或者被申请人住所地、财产所在地的中级人民法院提出。</td><td>向申请人住所地、经常居住地或者被申请人住所地、经常居住地、财产所在地的中级人民法院提出。</td></tr>
<tr><td>（2）香港</td><td>向香港高等法院提出。</td><td>向香港区域法院提出。</td></tr>
<tr><td colspan="3"></td></tr>
<tr><td rowspan="2">涉澳</td><td>（1）内地</td><td colspan="2">向被申请人住所地、经常居住地或者财产所在地的中级人民法院提出。</td></tr>
<tr><td>（2）澳门</td><td colspan="2">有权受理认可内地判决申请的法院为澳门中级法院，有权执行的法院为澳门初级法院。</td></tr>
<tr><td>涉台</td><td colspan="3">申请认可台湾地区法院民事判决的案件，由申请人或者被申请人住所地、经常居住地、财产所在地中级人民法院或者专门人民法院受理。</td></tr>
<tr><td rowspan="5">3. 多地执行</td><td></td><td colspan="2">跨区同时执行</td><td>向多个人民法院提出</td></tr>
<tr><td>涉港</td><td colspan="2">可：被申请人在内地和香港特别行政区均有可供执行的财产的，申请人可以分别向两地法院申请执行。</td><td rowspan="3">可，但由最先立案的人民法院管辖。</td></tr>
<tr><td>涉澳</td><td colspan="2">不可：被申请人在内地和澳门特别行政区均有可供执行的财产的，申请人只能向一地法院提出执行申请。
申请人向一地法院提出执行申请的同时，可向另一地法院申请查封、扣押或者冻结被执行人的财产。</td></tr>
<tr><td>涉台</td><td colspan="2">未涉及跨区执行。</td></tr>
<tr><td>4. 其他</td><td colspan="4">（1）承认与执行需按各地程序法缴纳诉讼费。
（2）申请所提交的材料均须以中文制成或提供中文译本。
（3）关于平行诉讼参照承认与执行外国法院判决，适用判决在先和一事不再理原则。</td></tr>
</table>

考点五：内地（大陆）与港澳台相互执行仲裁裁决

1. 管辖	涉港	内地	向被申请人住所地、财产所在地的中级人民法院提出。
		香港	向香港高等法院提出。
	涉澳	内地	向被申请人住所地、经常居住地或财产所在地的中级人民法院提出。
		澳门	有权受理认可仲裁裁决申请的法院为澳门中级法院，有权执行的法院为澳门初级法院。
	涉台		申请由申请人或被申请人住所地、经常居住地或者被申请人财产所在地中级人民法院或者专门人民法院受理。
2. 区际执行	涉港		（2021年变化）可：申请人可以分别向两地法院申请执行。应对方要求，两地法院应相互提供本方执行的情况。两地法院执行财产的总额不得超出裁决确定的数额。
	涉澳		可：当事人分别向两地法院提出申请的，两地法院都应当依法进行审查。仲裁地法院应当先进行执行清偿；另一地法院对申请人未获清偿的部分进行执行清偿。

考点六：内地与港澳相互协助仲裁保全

1. 保全范围			财产保全、证据保全、行为保全。
2. 管辖	涉港	内地	向被申请人住所地、财产所在地或证据所在地的中级人民法院提出。
		香港	向香港高等法院提出。
	涉澳	内地	向被申请人住所地、财产所在地或证据所在地的中级人民法院提出。
		澳门	向澳门初级法院提出。

国际法

第一章　导论

考点一：国际法的渊源

1. 概要	（1）国际法的渊源包括三类：**国际条约、国际习惯和一般法律原则**。	
	（2）司法判例、国际法权威学者的学说和政府间国际组织的决议不是国际法的渊源，只是确立国际法原则时的辅助方法。	
2. 内容	（1）国际条约	对**缔约国**具有法律拘束力。
	（2）国际习惯	具有法律拘束力，原则上**所有国际法主体**都应遵守。
	（3）一般法律原则	

【练一练】甲、乙、丙、丁四国是海上邻国，2000 年四国因位于其海域交界处的布鲁兰海域的划分产生了纠纷。同年，甲国进入该区域构建了石油平台，并提出了划界方案；2001 年乙国立法机关通过法案，对该区域作出了划定；2002 年丙、丁两国缔结划界协定，也对该区域进行划定。2004 年某个在联合国拥有"普遍咨商地位"的非政府国际组织通过决议，提出了一个该区域的划定方案。上述各划定方案差异较大。根据国际法的相关原则和规则，下列哪一选项是正确的？（2008 延 -1-31）①

A. 甲国的行为不构成国际法中的先占，甲国的划界方案对其他国家没有拘束力

B. 乙国立法机构的法案具有涉外性，构成国际法的一部分，各方都应受其拘束

C. 丙、丁两国缔结的协定是国际条约，构成国际法的一部分，对各方均有拘束力

D. 上述非政府组织的决议，作为国际法的表现形式，对各方均有拘束力

考点二：国际法的基本原则

1. 基本原则的特征	（1）各国公认，普遍接受； （2）适用于国际法律关系的所有领域，贯穿国际法的各个方面； （3）具有**强行法**性质。

---

① 【答案】A

2.基本原则的主要内容	（1）国家主权平等原则	
	（2）不干涉内政原则	①内政 本质上属于国内管辖的事项 不违背已经确立的国际法规则及所承担的国际义务 ②不干涉 约束主体：任何国家不得干涉他国内政 例外：人道主义干涉 有公认的法律作为依据 严格在国际法律框架中进行
	（3）不使用武力威胁或武力原则	不是禁止一切武力的使用，和平≠非武力。 国家对侵略行为进行的自卫行动 联合国集体安全制度下的武力使用
	（4）和平解决国际争端原则	
	（5）民族自决原则	①殖民地民族的独立权：只严格适用于殖民地民族的独立； ②呼吁国家通过国内法和措施增进国内各民族的平等与自由。
	（6）善意履行国际义务原则	

【练一练】2001 年，甲国新政府上台后，推行新的经济政策和外交政策，在国内外引起强烈反应。乙国议会通过议案，谴责甲国的政策，并要求乙国政府采取措施，支持甲国的和平反政府运动；同时乙国记者兰摩也撰写了措辞严厉的批评甲国政策的文章在丙国报纸上发表；甲国的邻国丁国暗自支持甲国反政府武装的活动。根据上述情况和国际法的相关原则，下列哪一选项是正确的？（2008 延 -1-32）①

A.乙国记者的行为，涉嫌违反国际法

B.乙国议会的议案一旦被执行，则涉嫌违反国际法

C.丙国的行为涉嫌违反国际法

D.丁国的行为不涉嫌违反国际法

---

① 【答案】B

第二章　国际法的主体与国际法律责任

扫描右侧二维码"听课＋做题"，直达最佳学习效果
1. 在线听课：学习本章节核心考点讲解课程。
2. 在线刷题：点击🏠进入题库做章节练习。

考点一：国家的管辖权与国家主权豁免

1. 国家的管辖权	（1）属地管辖权	
	（2）属人管辖权	国家对具有其国籍的人（包括自然人、法人，还包括船舶、航空器、航天器等获得国籍的特定物），具有管辖的权利，不论其是在领土范围内还是领土范围外。
	（3）保护性管辖权	
	（4）普遍性管辖权	
2. 国家主权豁免	（1）国家司法管辖豁免	①一国本身及其财产在另一国法院享有管辖豁免；②国家管辖豁免放弃（一次放弃仅针对**特定**事项或特定案件）　明示放弃　默示放弃——主动起诉、介入诉讼或提起反诉；不属于默示放弃情形——同意适用另一国法律／为主张豁免而介入诉讼／出庭作证
	（2）**国家司法管辖豁免的限制**	①法律依据：《联合国国家及其财产管辖豁免公约（未生效）》《对外关系法》《外国国家豁免法》。②一国因某些非主权行为（如商业行为）而引发的诉讼，不得向另一国法院援引管辖豁免，除非国家间另有协议。
	（3）财产执行豁免	**绝对执行豁免**，即除非国家明示同意放弃执行豁免，否则另一国法院不得对该财产采取任何强制措施。

【**练一练**】乘坐乙国航空公司航班的甲国公民，在飞机进入丙国领空后实施劫机，被机组人员制服后交丙国警方羁押。甲、乙、丙三国均为1963年《东京公约》、1970年《海牙公约》及1971年《蒙特利尔公约》缔约国。据此，下列哪一选项是正确的？（2017-1-32）[①]

　　A. 劫机发生在丙国领空，仅丙国有管辖权

　　B. 犯罪嫌疑人为甲国公民，甲国有管辖权

　　C. 劫机发生在乙国航空器上，仅乙国有管辖权

[①] 【答案】B

D.本案涉及国际刑事犯罪，应由国际刑事法院管辖

【练一练】中国某公司与甲国驻中国使馆因办公设备合同产生纠纷，并诉诸中国法院。根据相关国际法规则及我国法律规定，下列哪些选项是正确的？（2014改编）①

A.在本案中甲国不能主张管辖豁免

B.因中国法院对本案有管辖权，亦可强制执行该判决

C.若中国法院受理该公司对甲国使馆的财产保全申请，在无甲国明确放弃执行豁免的情况下中国法院无权进行财产保全

D.如合同中有适用中国法律的条款，则表明甲国放弃了其财产执行的豁免

考点二：国际法上的承认

1.概念	国家或国际组织对于新国家、新政府或其他态势的出现，以一定的方式表示接受或同时表明愿意与其发展正常关系的单方面行为。
2.承认方式	（1）法律承认，是正式的和不可撤销的，包括： 明示承认，通过正式通知、函电、声明、条约或国际文件等 默示｛与承认对象建立正式外交关系 正式接受领事 与承认对象缔结正式的政治性条约 投票支持参加仅对国家开放的国际组织 （2）事实承认：是不完全的、非正式的和暂时的，它比较模糊并可以随时撤销。
3.新国家和新政府	（1）新国家产生的四种情况：独立（殖民地）、合并、分立、分离。 （2）新政府的承认：只有一国由于剧烈的社会变革或政变而产生的新政府才可能带来政府的承认问题。对新政府的承认意味着对旧政府承认的撤销。

【练一练】甲、乙两国建立正式外交关系数年后，因两国多次发生边境冲突，甲国宣布终止与乙国的外交关系。根据国际法相关规则，下列哪一选项是正确的？（2010-1-29）②

A.甲国终止与乙国的外交关系，并不影响乙国对甲国的承认

B.甲国终止与乙国的外交关系，表明甲国不再承认乙国作为一个国家

C.甲国主动与乙国断交，则乙国可以撤回其对甲国作为国家的承认

D.乙国从未正式承认甲国为国家，建立外交关系属于事实上的承认

考点三：国际法上的继承

1.条约继承	（1）继承范围：依相关国家达成的协议或依条约法解决条约继承，如无协议，只继承有关领土边界、河流交通、水利灌溉等"非人身性条约"。 （2）不予继承的条约类型：与国际法主体人格有关的所谓"人身性条约"以及政治性条约，如和平友好、同盟互助、共同防御等条约。
2.国家财产的继承	（1）基本标准：被继承的财产应与领土有关联。 （2）两种继承方式｛所涉领土内的财产(特别是不动产)：随领土一并转属或分别转属继承 所涉领土外的财产(动产)：依所涉领土的实际生存原则

---

① 【答案】AC
② 【答案】A

3. 国家债务的继承	（1）国家债务是指**一国**对他国、国际组织等**国际法主体**所负担的财政义务。 （2）所需继承的**国家债务**包括两类：$\begin{cases}国债 \\ 地方化债务\end{cases}$ （3）**"恶债"**不予继承。

考点四：联合国主要机关

1. 大会	（1）大会职权	①大会可以讨论宪章范围内或联合国任何机关的任何问题，但安理会正在审议的除外。 ②大会不是立法机关。
	（2）大会表决	大会表决实行一国一票制。对于一般决议采取简单多数通过；对于重要问题决议采取 2/3 多数通过。
	（3）大会决议的效力	根据《联合国宪章》，大会对于联合国组织内部的事务通过的决议对会员国具有拘束力；对于其他一般事项作出的决议属于建议性质，不具有法律拘束力。
2. 安全理事会	（1）安理会的组成	①安理会是联合国中**唯一有权采取行动**的机关。 ②安理会由 15 个理事国组成，其中中、法、俄、英、美五国为常任理事国。
	（2）表决机制	①程序事项（如国际法官的选举）：采取 9 个同意票即可通过。 ②非程序事项（又叫实质性事项）：要求包括所有常任理事国在内的 9 个同意票才可通过，又称**"大国一致原则"**，即常任理事国有**一票否决权**，但常任理事国弃权和缺席不影响决议的通过。 ③适用非程序（实质性）事项表决程序的问题：和平解决争端、推荐秘书长人选、接纳新会员国、建议中止会员国权利和开除会员国等问题。 ④**关于和平解决争端的决议**，作为争端当事国的理事国不得投票。但有关采取执行行动的决议，其可以投票，并且常任理事国可以行使否决权。
	（3）决议的约束力	安理会作出的决议，对于当事国和所有会员国都具有约束力。
3. 秘书处		（1）秘书长是联合国的行政首长，任期 5 年，可以连任。 （2）秘书长经安理会推荐（实质性表决程序），并经大会简单多数票通过后委任。

【练一练】联合国会员国甲国出兵侵略另一会员国。联合国安理会召开紧急会议，讨论制止甲国侵略的决议案，并进行表决。表决结果为：常任理事国 4 票赞成、1 票弃权；非常任理事国 8 票赞成、2 票否决。据此，下列哪一选项是正确的？（2016-1-32）[①]

A. 决议因有常任理事国投弃权票而不能通过

B. 决议因非常任理事国两票否决而不能通过

C. 投票结果达到了安理会对实质性问题表决通过的要求

D. 安理会为制止侵略行为的决议获简单多数赞成票即可通过

【练一练】联合国大会由全体会员国组成，具有广泛的职权。关于联合国大会，下列

---

① 【答案】C

哪一选项是正确的？（2015-1-32）①
A. 其决议具有法律拘束力
B. 表决时安理会 5 个常任理事国的票数多于其他会员国
C. 大会是联合国的立法机关，三分之二以上会员国同意才可以通过国际条约
D. 可以讨论《联合国宪章》范围内或联合国任何机关的任何问题，但安理会正在审议的除外

考点五：非政府国际组织

1. 主要特点	（1）跨国性；（2）非政治性和非政府性，其性质为社会团体，不是国际法主体；（3）非营利性；（4）志愿性。
2. 成立和活动依据	国际非政府组织的成立及其活动，目前主要由各相关国家的国内法加以规范。

考点六：国际法律责任的构成和新发展

1. 构成	（1）归因于国家	下列行为，包括作为和不作为，是可以归因于国家的行为： ①国家机关的行为； ②经授权行使政府权力的其他实体的行为； ③实际上代表国家行事的个人的行为，分为两类： 国家元首、政府首脑、外交部长及外交使节的行为归因于国家 其他人员仅执行职务的行为(包括越权和不法行为)归因于国家 ④别国或国际组织交与一国支配的机关的行为； ⑤被承认为叛乱运动机关的行为，分两类区别对待： 一国领土上的叛乱运动机关自身的行为,不视为该的国家行为 已经和正在组成新国家的叛乱运动,被视为该新国家的行为
	（2）违背国际义务	①国际不法行为； ②国际罪行。
	（3）不法性的排除	①明确并自愿同意的，且不属于国际强行法规则范畴； ②必要和适度的对抗（非武力）与自卫（武力）； ③不可抗力和偶然事件； ④危难和紧急状况。
2. 新发展	（1）责任主体扩大	第二次世界大战后发展的"双罚原则"将国际法律责任的主体扩大到了个人，即对于从事严重违反国际法的国际罪行的国家，在国家承担国际责任的同时，也追究负有责任国家的领导人的个人刑事责任。
	（2）无过错责任	核污染和外太空探索行为导致的损害，虽不违背国际义务，但产生国家赔偿责任。 ①外太空探索行为：完全国家责任制度； ②核损害：双重责任制度，即国家承担对营运人的补充责任。

【练一练】甲国某核电站因极强地震引发爆炸后，甲国政府依国内法批准将核电站含

---

① 【答案】D

低浓度放射性物质的大量污水排入大海。乙国海域与甲国毗邻，两国均为《关于核损害的民事责任的维也纳公约》缔约国。下列哪一说法是正确的？（2011-1-32）①

A. 甲国领土范围发生的事情属于甲国内政

B. 甲国排污应当得到国际海事组织同意

C. 甲国对排污的行为负有国际法律责任，乙国可通过协商与甲国共同解决排污问题

D. 根据"污染者付费"原则，只能由致害方，即该核电站所属电力公司承担全部责任

---

① 【答案】C

第三章 国际法上的空间划分

扫描右侧二维码"听课 + 做题",直达最佳学习效果
1. 在线听课：学习本章节核心考点讲解课程。
2. 在线刷题：点击🏠进入题库做章节练习。

第一节 国家领土

考点一：领土及其取得方式

1. 领土的构成		（1）领陆。 （2）领水。 （3）领空。 （4）底土。
2. 领土的取得方式	（1）获取领土的传统方式	①先占。现在世界上已不存在先占的对象。 ②时效。争议大，没有普遍适用意义，我国不承认。 ③添附。合法，人工添附不得损害他国的利益。 ④征服。已经被现代国际法所废弃。 ⑤割让。分为强制性割让和非强制性割让。强制性割让已失去合法性；非强制性割让包括买卖、赠予及互换等，是合法的。
	（2）新发展	①殖民地独立带来的领土变更合法。 ②公民投票方式。相关国家的国内法或有关国家间的具体协议是构成可否运用公民投票方式以及投票效力的法律依据。

【练一练】关于领土的合法取得，依当代国际法，下列哪些选项是正确的？（2016-1-75）[①]

A. 甲国围海造田，未对他国造成影响

B. 乙国屯兵邻国边境，邻国被迫与其签订条约割让部分领土

C. 丙国与其邻国经平等协商，将各自边界的部分领土相互交换

D. 丁国最近二十年派兵持续控制其邻国部分领土，并对外宣称拥有主权

[①] 【答案】AC

考点二：边境及河流制度

1. 边境制度	（1）界标的维护	①相邻国家对界标的维护负有共同的责任。 ②若一方发现界标被移动、损坏或灭失，应尽速通知另一方，在双方代表在场的情况下修复或重建。
	（2）边境土地的利用不得损害邻国权利（相邻权）。	
	（3）界河	①界河以主航道或河道中心线为界。 ②沿岸国对界水有共同的使用权，不得损害邻国利益，包括不得单方使河水改道，一方如欲在界水上修建工程设施，应该取得另一方同意。 ③除遇难或其他特殊情形，一方船舶未经允许不得在对方靠岸停泊，渔民应在界水的本国一侧捕鱼。
	（4）边民往来的便利化	
2. 河流制度	（1）多国河流	①地理位置：流经两个或两个以上国家领土的河流。 ②主权归属：各国分别对流经其领土的河段拥有主权。 ③管理和利用：一般由有关国家协议解决，各国不得从事河流改道或阻塞河流等有害利用行为。 ④航行：多国河流一般对所有沿岸国开放，而非沿岸国船舶未经许可不得航行。
	（2）国际河流	①国际河流是通过条约规定对所有国家开放航行的多国河流。 ②国际河流一般允许所有国家的商船无害通过。 ③国际河流的管理一般由条约成立的专门机构进行。
	（3）国际运河	国际运河的地位和航行制度由有关条约确定，一般对所有国家开放。

【练一练】甲、乙两国边界附近爆发部落武装冲突，致两国界标被毁，甲国一些边民趁乱偷渡至乙国境内。依相关国际法规则，下列哪一选项是正确的？（2016-1-33）①

A. 甲国发现界标被毁后应尽速修复或重建，无须通知乙国

B. 只有甲国边境管理部门才能处理偷渡到乙国的甲国公民

C. 偷渡到乙国的甲国公民，仅能由乙国边境管理部门处理

D. 甲、乙两国对界标的维护负有共同责任

考点三：南极地区的法律地位

原则	目前南极地区法律制度《南极条约》的主要内容包括： ①南极只用于和平目的； ②科学考察自由和科学合作； ③维持南极地区水域的公海制度； ④冻结对南极的领土要求。

---

① 【答案】D

第二节　海洋法

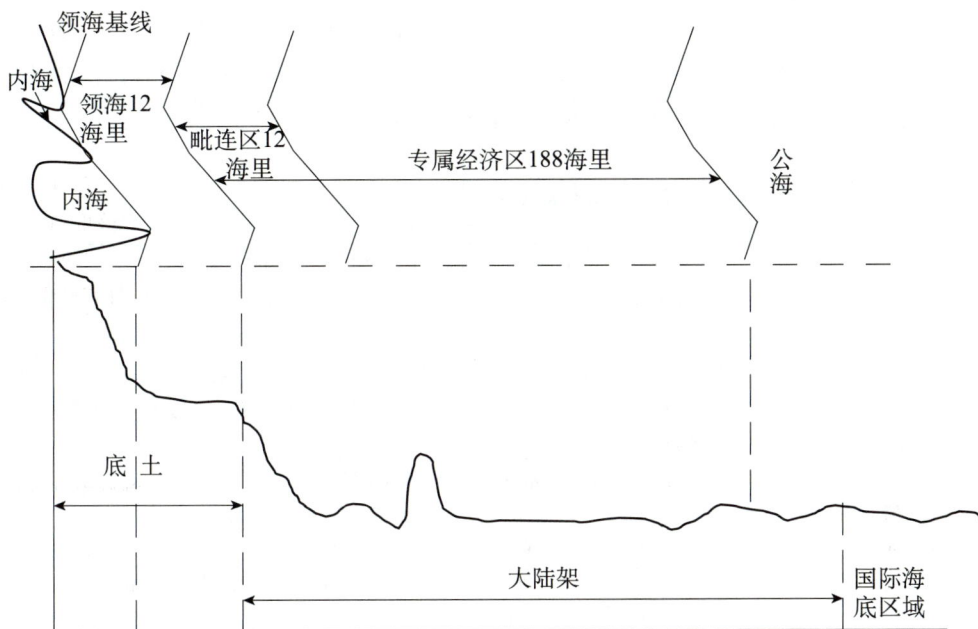

考点一：内海和领海

1. 内海	（1）内海	完全排他的**主权**，外国船舶非经沿海国同意，不得进入其内海。渤海湾是我国内海湾，琼州海峡位于我国领海基线以内，是我国内海峡。
	（2）港口管辖权	在刑事管辖方面，通常只对扰乱港口安宁、受害者是沿岸国或其国民、案情重大或船旗国领事或船长请求时，沿岸国才予以管辖。
2. 领海	（1）领海主权	领海是国家领土的一部分，但外国船舶在领海中享有无害通过权。
	（2）领海无害通过权	无害通过要满足以下条件： ①要求连续不停地迅速通过，不得停泊或下锚，除非不可抗力、遇难或救助； ②通过必须是**无害的**；③我国不允许军用船舶在领海的无害通过。

【练一练】"青田号"是甲国的货轮，"前进号"是乙国的油轮，"阳光号"是丙国的科考船，三船通过丁国领海。依《联合国海洋法公约》，下列哪些选项是正确的？（2016-1-76）①

A. 丁国有关对油轮实行分道航行的规定是对"前进号"油轮的歧视

B. "阳光号"在丁国领海进行测量活动是违反无害通过的

C. "青田号"无须事先通知或征得丁国许可即可连续不断地通过丁国领海

D. 丁国可以对通过其领海的外国船舶征收费用

---

① 【答案】BC

考点二：毗连区

毗连区	（1）法律地位	毗连区不是国家领土，国家不享有领土主权。
	（2）管辖权	国家可以在毗连区内进行为下列事项所必要的管制： 防止或惩处在其领土或领海内违反其**海关、财政、移民或卫生**（中国还包括**国家安全**）的法律规章的行为。

考点三：专属经济区和大陆架的法律制度

1.专属经济区	（1）构成	专属经济区是领海以外毗邻领海的一定宽度的水域，它从领海基线量起不得超过200海里（注意扣减领海的宽度剩下的才是专属经济区的宽度）。
	（2）法律制度	①沿海国拥有对专属经济区**自然资源**的专属勘探、开发和管理的权利；此外其他国家享有航行、飞越、铺设海底电缆和管道等合法活动的权利。 ②沿海国对外国船舶违法行为采取措施时，应遵循以下规则： {被捕的船只及船员在提出适当的保证书或担保后，应迅速释放 对于仅违反渔业法规的处罚，不得包括监禁和体罚 沿海国应将逮捕、扣留船只的措施和处罚迅速通知船旗国 ③在我国管辖海域实施非法猎杀濒危野生动物或非法捕捞海产品等犯罪的，追究刑事责任。
2.大陆架	（1）构成	200海里之外的大陆架如果存在，称为外大陆架。 {200＜地理大陆架＜350→法律大陆架＝地理大陆架－12 地理大陆架＜200→法律大陆架＝200－12 地理大陆架＞350→法律大陆架＝350－12
	（2）法律制度	①沿海国对大陆架的权利不取决于占领或公告，而取决于向大陆架委员会提交的**科学信息和证据**所证明的大陆架的构成。 ②沿海国具有勘探和开发大陆架**自然资源**的专属权利。 ③所有国家可以在他国大陆架铺设电缆和管道，但线路划定须经沿海国同意。 ④沿海国开发200海里以外大陆架的**非生物资源**，应通过**国际海底管理局**并缴纳一定的费用或实物，发展中国家在某些条件下可以免缴。

【**练一练**】甲国在其宣布的专属经济区水域某暗礁上修建了一座人工岛屿。乙国拟铺设一条通过甲国专属经济区的海底电缆。根据《联合国海洋法公约》，下列哪一选项是正确的？（2010-1-31）①

A.甲国不能在该暗礁上修建人工岛屿

B.甲国对建造和使用该人工岛屿拥有管辖权

C.甲国对该人工岛屿拥有领土主权

D.乙国不可在甲国专属经济区内铺设海底电缆

---
① 【答案】B

考点四：公海与国际海底区域

公海	（1）公海管辖权		①**船旗国管辖**。
			②**普遍管辖权**。海盗行为；非法广播；防止和禁止贩运奴隶及贩运毒品。
	（2）临检权和紧追权	主体	一国军舰、军用飞机或其他得到正式授权、有清楚标志可识别的政府船舶或飞机。
		区别	①**临检权**，又称登临权。 {对象：公海上的外国船舶（军舰等享有豁免权的除外） {法律依据：行使公海普遍管辖权；船舶无国籍 ②**紧追权**。沿海国拥有对违反其法规并从该国管辖范围内的海域向公海行驶的外国船舶进行追逐的权利。 {对象：一国内海、领海、毗连区或专属经济区上的外国船舶 {法律依据：违背沿海国有关内海、领海、毗连区、专属经济区及大陆架权利有关的法规。 限制{紧追前应在被紧追船舶的视听范围内发出视觉或听觉停止信号 {追入公海可继续进行，但必须连续不断 {紧追在被追船舶进入其本国或第三国领海时立即终止
	国际海底区域"**平行开发制**"		

【**练一练**】乙国军舰 A 发现甲国渔船在乙国领海走私，立即发出信号开始紧追，渔船随即逃跑。当 A 舰因机械故障被迫返航时，令乙国另一艘军舰 B 在渔船逃跑必经的某公海海域埋伏。A 舰返航半小时后，渔船出现在 B 舰埋伏的海域。依《联合国海洋法公约》及相关国际法规则，下列哪一选项是正确的？（2009-1-30）[①]

A. B 舰不能继续 A 舰的紧追

B. A 舰应从毗连区开始紧追，而不应从领海开始紧追

C. 为了紧追成功，B 舰不必发出信号即可对渔船实施紧追

D. 只要 B 舰发出信号，即可在公海继续对渔船紧追

考点五：群岛水域

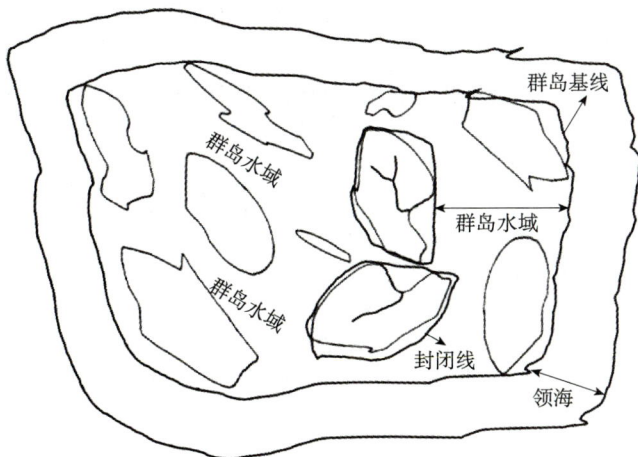

---

① 【答案】A

	（1）划定	群岛基线不能明显偏离群岛轮廓，不能将其他国家的领海与公海或专属经济区隔断。
群岛水域	（2）法律制度	①群岛国对其群岛水域包括其上空和底土拥有主权，可在基线之外划定领海、毗连区、专属经济区和大陆架。 ②无害通过制度。所有国家享有通过除群岛国内水以外的群岛水域的无害通过权。 ③群岛海道通过制度。群岛国可指定适当的海道和其上的空中通道，以便其他国家的船舶或飞机连续不停地迅速通过或飞越群岛水域及邻接的领海。

【练一练】甲国是群岛国，乙国是甲国的隔海邻国，两国均为《联合国海洋法公约》的缔约国。根据相关国际法规则，下列哪一选项是正确的？（2014-1-33）①

A.他国船舶通过甲国的群岛水域均须经过甲国的许可

B.甲国为连接其相距较远的两岛屿，其群岛基线可隔断乙国的专属经济区

C.甲国因已划定了群岛水域，则不能再划定专属经济区

D.甲国对其群岛水域包括上空和底土拥有主权

考点六：国际海峡

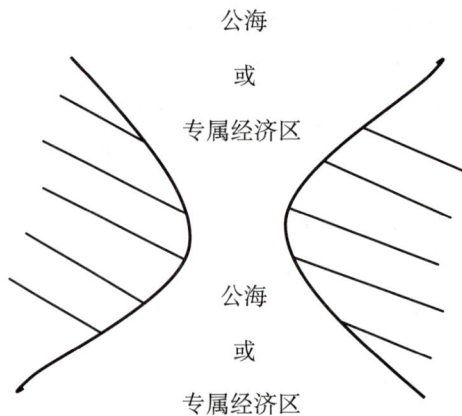

	（1）构成	国际航行海峡。主要是指两端都是公海或专属经济区，而又用于国际航行的海峡。
国际海峡	（2）通行制度	①过境通行制度：所有国家的船舶和飞机都可以以迅速通过为目的，连续不停地在国际海峡航行和飞越。过境通行不影响沿岸国其他方面的任何权利。 ②无害通过制度（只适用于船舶）：适用于由一国大陆和该国的岛屿构成的海峡，且该岛屿向海一面的海域有一条在航行和水文特征方面同样方便地穿过公海或专属经济区的航道，但此类海峡外国飞机非经许可不得穿越，需要绕行。 ③公海自由航行制度。 ④特别协定制度。

---

① 【答案】D

第三节　国际航空法、外层空间法与国际环境保护法

考点一：国际航空法与外层空间法

1. 国际航空法	（1）领空主权	国家对其领空拥有完全的和排他的主权。外国航空器进入某国领空需经该国许可并遵守领空国有关法律。
	（2）民航安全	**或引渡或起诉原则**：针对危害民航安全的罪行，如果嫌疑人所在国没有相关协议引渡义务，并决定不予引渡，则应在本国作为严重的普通刑事案件进行起诉。
2. 外层空间法	（1）登记制度	①发射的空间物体由联合国秘书长在总册登记。②若有多个发射国，应由其共同决定其中的一个国家进行登记。③外空物体的登记国对该外空物体拥有所有权和管辖控制权。
	（2）营救制度	①援救：对本国领土范围内发现的外国宇航员的营救和帮助。②通知：对所知的外国外空遇难立即通知发射国和联合国秘书长。③送还：向发射国送还意外落入本国的空间物体和宇航员。
	（3）责任制度	主体是发射国，包括{ 发射或促使发射空间物体的国家 / 从其领土或设施发射空间物体的国家 } 类型{ 绝对责任：致损对象为地球表面或飞行中的飞机 / 过错责任：致损对象为地球表面以外的第三国外空物体 } 不适用《空间物体造成损害的国际责任公约》的人员{ 发射国国民 / 受邀参加发射或回收的外国人 }

【练一练】甲国发生内战，乙国拟派民航包机将其侨民接回，飞机需要飞越丙国领空。根据国际法相关规则，下列哪些选项是正确的？（2011-1-75）[①]

A. 乙国飞机因接其侨民，得自行飞越丙国领空

B. 乙国飞机未经甲国许可，不得飞入甲国领空

C. 乙国飞机未经允许飞越丙国领空，丙国有权要求其在指定地点降落

D. 丙国军机有权在警告后将未经许可飞越丙国领空的乙国飞机击落

【练一练】乙国与甲国航天企业达成协议，由甲国发射乙国研制的"星球一号"卫星。因发射失败，卫星碎片降落到甲国境内，造成人员和财物损失。甲、乙两国均为《空间物体造成损害的国际责任公约》缔约国。下列哪些选项是正确的？（2009-1-98）[②]

A. 如"星球一号"发射成功，发射国为技术保密可不向联合国办理登记

B. 因"星球一号"由甲国的非政府实体发射，甲国不承担国际责任

C. "星球一号"对甲国国民的损害不适用《责任公约》

D. 甲国和乙国对"星球一号"碎片造成的飞机损失承担绝对责任

---

① 【答案】BC
② 【答案】CD

考点二：国际环境保护法的主要制度

1. 大气环境保护	（1）法律依据	防止气候变化的公约主要是《联合国气候变化框架公约》《京都议定书》《〈联合国气候变化框架公约〉巴黎协定》及其实施细则。	
	（2）共同但有区别责任原则	①责任的共同性。保护环境需要所有国家的合作与努力。 ②责任的区别性。公约把参加国分为三类，分别规定了不同的义务： 　工业化国家：承担削减温室气体排放的义务 　发达国家：不承担具体削减义务，但承担为发展中国家进行资金和技术援助的义务 　发展中国家：不承担削减义务，可以接受发达国家的资金、技术援助，不得出卖排放指标	
	（3）减排方式	①以净排放量计算温室气体排放量。 ②排放权交易：仅适用于发达国家之间。 ③绿色开发机制：折抵温室气体排放量。 ④集团方式：仅适用于欧盟。	
	（4）《巴黎协定》	《〈联合国气候变化框架公约〉巴黎协定》明确了2020年以后应对气候变化致力于降低碳排放国际机制的整体框架，各国定期提交"**国家自主贡献**"的"自下而上"的灵活减排机制；重申全球气温升高的控制目标为2摄氏度。	

2. 生物资源	（1）条约	《濒危野生动植物种国际贸易公约》建立了濒危物种清单基础上的许可证制度。		
	（2）清单	**受影响因素**	**管制程度**	**许可证**
	附件一	贸易→濒于灭绝	最严格管制，但并非绝对禁止	进口、出口均须获得许可证
	附件二	不管理→濒于灭绝	必须加以限制	出口须获得许可证
	附件三	一般保护物种	各国自行决定管理	

3. 危险废物	《控制危险废物越境转移及其处置巴塞尔公约》（简称《巴塞尔公约》）对有关危险废物越境转移规定了严格的条件，主要包括： ①只能在缔约国之间进行危险废物的越境转移。 ②进口国没有禁止该废物进口，并以**书面形式**就某一**特定**进口向出口国表示同意。 ③该废物在进口国有无害环境的处置方法。 ④危险废物的任何越境转移都必须有相关的保险、保证或担保。

第四章 国际法上的个人

考点一：《国籍法》

1. 中国国籍的取得	我国《国籍法》规定因出生获得国籍，采取双系血统主义与出生地主义的混合制。 ①父母双方或一方为中国公民，本人不论出生在中国或外国，具有中国国籍。但父母双方或一方为中国公民并定居在外国，本人出生时即具有外国国籍的，不具有中国国籍。 ②定居中国的无国籍或国籍不明的人，其出生于中国的子女具有中国国籍。	
2. 中国国籍的丧失	（1）自动丧失中国国籍：定居外国的中国公民，自愿加入或取得外国国籍的，即自动丧失中国国籍。 （2）有关国家工作人员和现役军人的强制性规定：国家工作人员和现役军人，不得退出中国国籍。	
3. 国籍冲突的解决	（1）积极冲突	①我国不承认中国公民拥有外国国籍。 ②国际私法对外国人国籍积极冲突的解决：自然人具有两个以上国籍的，以经常居所对应的国籍为准；在所有国籍国均无经常居所的，适用最密切联系原则确定国籍。
	（2）消极冲突	国际私法中，自然人无国籍或国籍不明的，以其经常居所地代替国籍。

【练一练】中国公民李某与俄罗斯公民莎娃结婚，婚后定居北京，并育有一女李莎。依我国《国籍法》，下列哪些选项是正确的？（2017-1-75）①

A. 如李某为中国国家机关公务员，其不得申请退出中国国籍

B. 如莎娃申请中国国籍并获批准，不得再保留俄罗斯国籍

C. 如李莎出生于俄罗斯，不具有中国国籍

D. 如李莎出生于中国，具有中国国籍

考点二：《出入境管理法》

1. 出入境管理机构	（1）驻外签证机关（驻外使领馆等）负责在境外签发外国人入境签证； （2）出入境边防检查机关负责实施出境入境边防检查； （3）县级以上公安机关及其出入境管理机构负责外国人停留居留管理。

---

① 【答案】ABD

2. 中国公民的出入境	（1）定居国外的中国公民可以凭本人的护照证明其身份。		
	（2）禁止中国公民出境的情形： ①被判处刑罚尚未执行完毕或者属于刑事案件被告人、犯罪嫌疑人的； ②有未了结的民事案件，人民法院决定不准出境的等。		
3. 外国人出入境	（1）拒签和禁止入境	①被处驱逐出境或者被决定遣送出境，未满不准入境规定年限的； ②患有严重精神障碍、可能对公共卫生造成重大危害的传染病的； ③可能危害中国国家安全和利益的； ④不能提交签证机关要求提交的相关材料或材料造假的等。 对不予签发签证及禁止入境的，无须说明理由。	
	（2）免签	①有互免签证协议的； ②持有效的外国人居留证件的； ③在中国境内停留不超过24小时且不离开口岸等。	
	（3）居留	①外国人在中国境内住旅馆，旅馆应向所在地公安机关报送外国人住宿登记信息。外国人在旅馆以外的其他住所居住或者住宿的，应当在入住后24小时内由本人或者留宿人，向居住地的公安机关办理登记。 ②对中国经济社会发展作出突出贡献或者符合其他在中国境内永久居留条件的外国人，经本人申请和公安部批准，取得永久居留资格。	
	（4）就业	①取得工作许可和工作类居留证件； ②持留学类居留证的外国人勤工助学或实习的，应当经所在学校同意，并由公安机关出入境管理机构在居留证件上加注相关信息。	
	（5）出境	禁止出境	禁止外国人出境情形： ①有未了结的刑事案件的； ②有未了结的民事案件，人民法院决定不准出境的； ③拖欠劳动者的劳动报酬，经国务院有关部门或者省级人民政府决定不准出境的等。
		强制出境	①限期出境。 ②遣送出境：被遣送出境的人员，自被遣送出境之日起1至5年内不准入境。 ③驱逐出境：由公安部决定。被驱逐出境的外国人，自被驱逐出境之日起10年内不准入境。

【练一练】马萨是一名来华留学的甲国公民，依中国法律规定，下列哪些选项是正确的？（2017-1-76）①

A. 马萨入境中国时，如出入境边防检查机关不准其入境，可以不说明理由

B. 如马萨留学期间发现就业机会，即可兼职工作

C. 马萨留学期间在同学家中短期借住，应按规定向居住地的公安机关办理登记

D. 如马萨涉诉，则不得出境

---

① 【答案】AC

考点三：外交保护

1.条件	（1）一国国民权利受到侵害是由于所在国的**国家不当行为**所致，即该侵害行为可以引起国家责任。 （2）**国籍继续原则**：受害人自受害行为发生起到外交保护结束的期间内，必须持续拥有保护国国籍。 （3）在提出外交保护前，受害人必须**用尽当地救济**，包括行政和司法救济手段。
2.范围	（1）国民被非法逮捕或拘禁； （2）国民财产或利益被非法剥夺； （3）国民受到歧视性待遇； （4）国民被"拒绝司法"等情况。

【**练一练**】甲国公民廖某在乙国投资一家服装商店，生意兴隆，引起一些从事服装经营的当地商人不满。一日，这些当地商人煽动纠集一批当地人，涌入廖某的商店哄抢物品。廖某向当地警方报案，警察赶到后并未采取措施控制事态，而是袖手旁观。最终廖某的商店被洗劫一空。根据国际法的有关规则，下列对此事件的哪些判断是正确的？（2006-1-77）[①]

A. 该哄抢行为可以直接视为乙国的国家行为

B. 甲国可以立即行使外交保护权

C. 乙国中央政府有义务调查处理肇事者，并追究当地警察的渎职行为

D. 廖某应首先诉诸乙国行政当局和司法机构，寻求救济

考点四：引渡

1.引渡的主体	（1）引渡的主体只能是**国家**。 （2）我国要求有引渡相关**条约或互惠**关系。
2.对象	（1）各国有权拒绝引渡本国公民。 （2）不构成双重犯罪不引渡。 （3）政治犯不引渡。犯以下罪行的人不应被视为政治犯： ①战争罪、反和平罪和危害人类罪； ②种族灭绝或种族隔离罪； ③非法劫持航空器罪； ④侵害包括外交代表在内的受国际保护人员的罪行等。
3.程序	联系机关：外交部 决策机关 { 引出：最高人民法院指定的高级人民法院裁定，最高人民法院核准 引入承诺 { 量刑：最高人民法院 限制追诉：最高人民检察院
4.引渡效果	（1）罪名特定。 （2）将被引渡人转引给第三国，应经原引出国同意。

---

① 【答案】CD

5. 联合国"两公约"中的引渡规则	《联合国反腐败公约》及《联合国打击跨国有组织犯罪公约》两个公约明确和充实了多边引渡制度。其主要内容包括： ①成员国可自主决定是否将两公约作为缔约国之间产生引渡义务的条约依据； ②公约所规定的可引渡犯罪应扩展普适于缔约方的其他引渡条约； ③公约所涉罪名可突破双重犯罪要求； ④若被请求引渡者为本国人，缔约国可采取引渡或起诉原则，若同意引渡，可以附加回国执行刑罚作为引渡条件。

【练一练】甲国公民汤姆于2012年在本国故意杀人后潜逃至乙国，于2014年在乙国强奸一名妇女后又逃至中国。乙国于2015年向中国提出引渡请求。经查明，中国和乙国之间没有双边引渡条约。依相关国际法及中国法律规定，下列哪一选项是正确的？（2015-1-33）①

A. 乙国的引渡请求应向中国最高人民法院提出

B. 乙国应当作出互惠的承诺

C. 最高人民法院应对乙国的引渡请求进行审查，并由审判员组成合议庭进行

D. 如乙国将汤姆引渡回本国，则在任何情况下都不得再将其转引

考点五：庇护

1. 庇护的构成	庇护是指一国对遭到外国追诉或迫害而前来避难的外国人，准予其入境和居留，给予保护，并拒绝将其引渡给另一国的行为。
2. 庇护对象	对从事侵略战争、种族灭绝和种族隔离、劫机、侵害外交代表等国际罪行的人，不得进行庇护。
3. 有关域外庇护	域外庇护指利用国家在外国的外交或领事机构馆舍、船舶或飞机等场所进行的庇护。域外庇护没有国际法依据，是违背国际义务的。

【练一练】甲国人亨利持假护照入境乙国，并以政治避难为名进入丙国驻乙国的使馆。甲、乙、丙三国都是《维也纳外交关系公约》的缔约国，此外，彼此间没有相关的其他协议。根据国际法的有关规则，下列哪些选项是正确的？（2007-1-78）②

A. 亨利目前位于乙国领土上，其身份为非法入境者

B. 亨利目前位于丙国领土内，丙国有权对其提供庇护

C. 丙国有义务将亨利引渡给甲国

D. 丙国使馆有义务将亨利交由乙国依法处理

---

① 【答案】B
② 【答案】AD

第五章　外交关系和领事关系法

扫描右侧二维码"听课＋做题"，直达最佳学习效果
1. 在线听课：学习本章节核心考点讲解课程。
2. 在线刷题：点击 进入题库做章节练习。

考点一：外交代表机关

1. 外交机关	（1）中央外交机关：国家元首、政府和外交部门。 （2）外交代表机关：使馆（常驻）和特别使团（临时）。
2. 使馆和外交代表	（1）使馆由使馆馆长、其他外交人员、行政技术人员及服务人员等组成。 （2）使馆馆长分为大使、公使、代办三级，大使（最高一级使节）和公使（第二级使节）是派遣国元首向接受国元首派出的使节，代办是派遣国外交部部长向接受国外交部部长派遣的使节。 （3）外交人员包括馆长、参赞、武官、秘书、随员。
3. 礼遇	对于派遣国的使馆馆长及外交人员，接受国可以随时不加解释地宣布其为"不受欢迎的人"对于使馆的其他人员，包括行政技术人员和服务人员，接受国可宣布其为"不能接受"。

考点二：使馆和领馆的特权与豁免

	使馆	领馆
1. 馆舍不得侵犯	（1）接受国人员非经使馆馆长许可，不得进入使馆馆舍，没有任何例外。 （2）使馆财产及档案不得侵犯，使馆馆舍、设备及其他财产免受搜查、征用、扣押或强制执行。	（1）非经馆长同意，接受国人员不能进入领馆的工作区域，遇紧急情况须迅速采取保护时，可推定馆长同意。 （2）领馆馆舍、设备及其他财产一般免受征用，如接受国确有征用必要，应向派遣国作出迅速、充分的补偿。
2. 通讯自由	接受国应保护使馆的通讯自由，不得干扰或妨碍。但非经接受国同意，不得装置使用无线电发报机。 外交信差和领事信差执行职务时应受接受国保护。	
	接受国对外交邮袋不得予以开拆或扣留，并应保障迅速送达。	领馆邮袋不得予以开拆或扣留，但如有重大理由可在派遣国授权代表在场下开拆邮袋。若派遣国拒绝开拆，邮袋应退回原发送地。

考点三：外交人员和领事官员的特权与豁免

	外交人员	领事官员
1. 人身不可侵犯	不受接受国搜查、逮捕和拘留，除非为制止正在进行的犯罪行为或实施正当防卫而采取的措施。	原则上不得限制领事官员的人身，但对犯有严重罪行或执行已生效裁判的除外。
2. 管辖豁免	（1）完全的刑事管辖的豁免。 （2）外交人员一般也享有对接受国民事和行政管辖的豁免，但下列情形除外：①私有不动产之物权诉讼；②以私人身份参与的继承诉讼；③公务范围以外从事专业或商业行为引起的诉讼；④主动起诉而被反诉。 （3）外交人员完全免除作证义务。	（1）领事官员执行职务行为不受接受国司法和行政管辖。 （2）领事官员对执行职务所涉及的事项没有作证义务。除此之外，领事官员不得拒绝作证。
	以上特权与豁免可以由其派遣国放弃，且放弃只能由派遣国明示作出，外交人员和领事官员本身无权放弃。	

【练一练】甲、乙、丙3国均为《维也纳外交关系公约》缔约国。甲国人汤姆长期旅居乙国，结识甲国驻乙国大使馆参赞杰克，2人在乙国与丙国人汉斯发生争执并互殴，汉斯被打成重伤。后，杰克将汤姆秘匿于使馆休息室。关于事件的处理，哪一选项是正确的？（2012-1-32）①

A. 杰克的行为已超出职务范围，乙国可对其进行逮捕

B. 该使馆休息室并非使馆工作专用部分，乙国警察有权进入逮捕汤姆

C. 如该案件在乙国涉及刑事诉讼，杰克无作证义务

D. 因该案发生在乙国，丙国法院无权对此进行管辖

考点四：外交人员特权与豁免的适用范围

1. 人员范围	（1）使馆馆长和其他外交人员； （2）与外交人员共同生活的配偶与未成年子女； （3）外国派遣至中国的外交代表如果是中国公民或者获得在中国永久居留资格的外国人，仅就其执行公务的行为，在中国享有特权与豁免和不受侵犯； （4）使馆中的行政人员和服务人员如不具有接受国国籍及永久居留资格，也享有一定范围的特权与豁免。
2. 时间范围	（1）享有外交特权与豁免的人员自其被接受国接受而入境就任时，开始享有此等特权与豁免，离境或给予离境的合理时间结束时终止。 （2）如遇使馆人员死亡，其家属应继续享有其应享有的特权与豁免，直至给予其离境的合理期间结束时为止。

【练一练】甲、乙两国均为《维也纳外交关系公约》缔约国，甲国拟向乙国派驻大使馆工作人员。其中，杰克是武官，约翰是二秘，玛丽是甲国籍会计且非乙国永久居留者。

① 【答案】C

依该公约，下列哪一选项是正确的？（2017-1-33）[1]

A. 甲国派遣杰克前，无须先征得乙国同意

B. 约翰在履职期间参与贩毒活动，乙国司法机关不得对其进行刑事审判与处罚

C. 玛丽不享有外交人员的特权与豁免

D. 如杰克因参加斗殴意外死亡，其家属的特权与豁免自其死亡时终止

【练一练】李某为某国际组织驻中国的外交秘书，在中国任职期间，李某遇到的下列哪些争议可以由中国司法或行政机关管辖？（模）[2]

A. 李某为投资理财向中国某公司购买一栋房屋，因欠款而被房地产公司起诉

B. 李某在中国的叔叔去世，其遗嘱言明由李某继承其位于乙国的楼房，但叔叔之子对此有异议，而诉诸法院

C. 李某工作之余，在中国经营甲国风味餐厅，乙国国民因食品安全问题将李国诉诸法院，要求其承担违约责任

D. 如李某为中国籍，在中国自驾车与家人出行时违章停车，中国欲追究其行政责任

考点五：外交和领事官员的派遣

派遣和任职	（1）使馆馆长、领馆馆长、武官、特别使团和不具有派遣国国籍的人：派遣之前应先征得**接受国同意**后才能正式派遣。针对不具有派遣国国籍的人的同意可随时撤销。 （2）使馆馆长到达接受国后，递交国书或委任书是接受国接受其履行职务的依据。 （3）领馆馆长由接受国外交部向其颁发领事证书。 （4）其他人员可直接派遣，无须征得同意。

【练一练】甲国与乙国基于传统友好关系，兼顾公平与效率原则，同意任命德高望重并富有外交经验的丙国公民布朗作为甲、乙两国的领事官员派遣至丁国。根据《维也纳领事关系公约》，下列哪一选项是正确的？（2015-1-34）[3]

A. 布朗既非甲国公民也非乙国公民，此做法违反《公约》

B.《公约》没有限制，此做法无须征得丁国同意

C. 如丁国明示同意，此做法是被《公约》允许的

D. 如丙国与丁国均明示同意，此做法才被《公约》允许

---

① 【答案】B
② 【答案】ABCD
③ 【答案】C

第六章　条约法

考点一：条约成立的实质要件

1.缔约能力和缔约权	（1）缔约能力	缔约能力又称为缔约资格，指国家和其他国际法主体拥有的合法缔结条约的能力。
	（2）缔约权	①缔约权是指拥有缔约能力的主体，根据内部规则赋予某个机关或个人对外缔结条约的权限。 ②全权证书。国家元首、政府首脑、外交部部长、使馆馆长及国家向国际会议或国际组织派遣的代表，在其职务范围内进行谈判缔约的，无须出示全权证书，但仅限于上述五种人的正职。
2.自由同意		
3.符合强行法规则		

考点二：缔约程序

1.签署	如签署即生效，无须经国内缔约程序。
2.批准	由全国人民代表大会常务委员会决定。批准书由中华人民共和国主席签署，外交部部长副署。
3.核准	由国务院核准，国务院总理或外交部部长签署核准书。
4.加入	由全国人民代表大会常务委员会（条约或重要协定）或者国务院（其他协定）决定。加入书由外交部部长签署。
5.接受	由国务院决定。接受书由外交部部长签署。

【练一练】根据《维也纳条约法公约》和《中华人民共和国缔结条约程序法》，关于中国缔约程序，下列哪些表述是正确的？（2013-1-74）[①]

A. 中国外交部长参加条约谈判，无须出具全权证书

B. 中国谈判代表对某条约作出待核准的签署，即表明中国表示同意受条约约束

C. 有关引渡的条约由全国人大常委会决定批准，批准书由国家主席签署

D. 接受多边条约和协定，由国务院决定，接受书由外交部部长签署

———————

① 【答案】ACD

考点三：条约保留

1. 禁止保留	（1）条约规定禁止保留；（2）条约仅准许特定的保留而有关保留不在其内；（3）保留与条约的目的及宗旨不符。
2. 保留的接受	（1）条约明确允许的保留，一般不需接受自然生效。 （2）若谈判国数目有限，条约目的和宗旨又表明所有缔约国应当遵守，保留须经全体当事国接受。 （3）条约为国际组织约章，保留须经该组织有权机构接受。 （4）不属于上述情况的，由缔约国决定是否接受一项保留。

【练一练】甲、乙、丙三国为某投资公约的缔约国，甲国在参加该公约时提出了保留，乙国接受该保留，丙国反对该保留，后乙、丙、丁三国又签订了涉及同样事宜的新投资公约。根据《维也纳条约法公约》，下列哪些选项是正确的？（2014-1-76）①

A. 因乙、丙、丁三国签订了新公约，导致甲、乙、丙三国原公约失效

B. 乙、丙两国之间应适用新公约

C. 甲、乙两国之间应适用保留修改后的原公约

D. 尽管丙国反对甲国在原公约中的保留，甲、丙两国之间并不因此而不发生条约关系

考点四：条约的效力、解释

1. 条约的效力	（1）对缔约国的效力	①对于有效的条约，缔约国必须遵守。 ②条约冲突的解决：适用条约本身关于解决条约冲突的规定；新旧两个条约当事国完全相同时，适用后约取代前约的原则；当新旧两个条约当事国不完全相同时，个案处理。先约：甲、乙、丙。后约：乙、丙、丁。
	（2）对第三国的效力	①如果一个条约有意为第三国创设一项义务，必须经第三国以书面形式明示接受，才对第三国产生义务。 ②当一个条约有意为第三国创设一项权利，如果第三国没有表示反对，应推断其同意接受这项权利。 ③权利和义务一般必须经第三国同意方得取消或变更。
2. 条约的解释	（1）一般规则	①根据通常含义和上下文解释。 ②作符合条约目的和宗旨的解释。 ③善意解释。
	（2）辅助方法	两种以上语言文字的条约解释：以作准文本为解释依据，其他非作准文本仅可以在解释条约时作为参考。

---

① 【答案】BCD

第七章　国际争端的和平解决

扫描右侧二维码"听课 + 做题",直达最佳学习效果
1. 在线听课:学习本章节核心考点讲解课程。
2. 在线刷题:点击🏠进入题库做章节练习。

考点一:解决国际争端的方法

1. 强制方法	(1) 战争或武力解决争端,违法。 (2) 干涉,不符合现代国际法。 (3) 平时封锁,只能由安理会决定才能采取的一种措施。 (4) 反报和报复。
2. 非强制方法 (政治方法)	非强制性方法是指在争端各方自愿的基础上,解决国际争端的方法,分为政治解决方法和法律解决方法。
	政治方法,又称为外交方法,主要包括以下三种: ①谈判与协商。争端当事国进行交涉,交换意见。 ②斡旋与调停。 ③调查与和解。

【练一练】根据国际法相关规则,关于国际争端解决方式,下列哪些表述是正确的?（2011-1-76）①

A. 甲、乙两国就界河使用发生纠纷,丙国为支持甲国可出面进行武装干涉

B. 甲、乙两国发生边界争端,丙国总统可出面进行调停

C. 甲、乙两国可书面协议将两国的专属经济区争端提交联合国国际法院,国际法院对此争端拥有管辖权

D. 国际法院可就国际争端解决提出咨询意见,该意见具有法律拘束力

考点二:国际争端的法律解决方法

1. 国际常设仲裁法院	国际常设仲裁法院是专门受理国家间仲裁案件,常设于荷兰海牙的仲裁机构。裁决为终局性的。

---
① 【答案】BC

2.国际法院	（1）组成	①法院由15名法官组成，任期9年，可以连选连任。 ②法官在联合国大会和安理会中分别独立进行选举，只有在这两个机关同时获得绝对多数票方可当选（安理会9票即通过，常任理事国对法官选举没有否决权）。 ③法官对于涉及其国籍国的案件，不适用回避制度，除非其就任法官前曾参与该案。 ④专案法官制。
	（2）管辖权	①诉讼管辖权。只有国家可以作为国际法院的诉讼当事国。国际法院的判决是终局性的，判决一经作出，即产生拘束力，当事国必须履行。判决如需执行由安理会决定。 ②咨询管辖权。联合国机构可以就执行其职务中的任何法律问题请求国际法院发表咨询意见。法院作出的咨询意见虽有重要影响，但没有法律拘束力。
3.国际海洋法法庭	（1）对人管辖	根据《联合国海洋法公约》，海洋法庭的诉讼当事人主要包括： ①公约所有缔约国； ②海底管理局和依据"平行开发制"勘探和开发海底矿物资源合同的自然人或法人； ③自愿接受海洋法法庭管辖的其他协定的当事者。
	（2）任择强制管辖	只有争端双方都选择了法庭程序，法庭才有管辖权。法庭判案适用《联合国海洋法公约》和其他与该公约不相抵触的国际法原则、规则。

【练一练】关于国际法院，依《国际法院规约》，下列哪一选项是正确的？（2016-1-34）①

A. 安理会常任理事国对法官选举拥有一票否决权

B. 国际法院是联合国的司法机关，有诉讼管辖和咨询管辖两项职权

C. 联合国秘书长可就执行其职务中的任何法律问题请求国际法院发表咨询意见

D. 国际法院作出判决后，如当事国不服，可向联合国大会上诉

【练一练】甲、乙、丙三国对某海域的划界存在争端，三国均为《联合国海洋法公约》缔约国。甲国在批准公约时书面声明海洋划界的争端不接受公约的强制争端解决程序，乙国在签署公约时口头声明选择国际海洋法法庭的管辖，丙国在加入公约时书面声明选择国际海洋法法庭的管辖。依相关国际法规则，下列哪一选项是正确的？（2017-1-34）②

A. 甲国无权通过书面声明排除公约强制程序的适用

B. 国际海洋法法庭对该争端没有管辖权

C. 无论三国选择与否，国际法院均对该争端有管辖权

D. 国际海洋法法庭的设立排除了国际法院对海洋争端的管辖权

【练一练】约翰为甲国籍，拟参选联合国国际法院法官，常任理事国乙国坚决反对。下列关于联合国国际法院法官的说法，哪项是正确的？（2022年考生回忆版）③

A. 约翰若当选国际法院法官，对涉及甲国的案件不需要申请回避

---

① 【答案】B

② 【答案】B

③ 【答案】A

B. 国际法院法官在大会和安理会投票表决均超过 2/3 才可当选

C. 乙国对约翰当选国际法院法官具有一票否决权

D. 甲国驻联合国代表团可提名约翰为国际法院法官

第八章 战争与武装冲突法

考点一：战争状态与战时中立

1. 战争开始	（1）标志	战争开始可以交战双方或一方的宣战为标志，也可因一方使用武力的行为被另一方、第三方或国际社会认为已构成战争行为为标志。
	（2）法律后果	①外交和领事关系断绝，但特权与豁免在人员离境前的合理期间不减损。 ②条约关系发生变化： 交战国间 { 维持共同政治行动或友好关系的条约立即废止 一般政治和经济类条约停止效力 领土等缔约国间固定或永久状态的条约持续有效 ③经贸往来禁止。
2. 战时中立国的义务		（1）不作为。 （2）防止。 （3）容忍。

【练一练】甲、乙两国发生战争，丙国发表声明表示恪守战时中立义务。对此，下列哪一做法不符合战争法？（2012-1-34）①

A. 甲、乙战争开始后，除条约另有规定外，两国间商务条约停止效力

B. 甲、乙不得对其境内敌国人民的私产予以没收

C. 甲、乙交战期间，丙可与其任一方保持正常外交和商务关系

D. 甲、乙交战期间，丙同意甲通过自己的领土过境运输军用装备

---

① 【答案】D

考点二：对作战手段的限制和对战时平民及战争受难者的保护

1. 对作战手段和方法的限制	（1）禁止使用具有过分杀伤力和滥杀滥伤作用的武器，包括： 极度残酷的武器 有毒化学和生物武器 有关核武器：国际法并**未**对核武器**作出**全面明确的**禁止** **禁止**杀伤人员的地雷的使用、生产、储存等 （2）禁止不分皂白的战争手段和作战方法，区分对象原则。 （3）禁止改变环境的作战手段和方法。 （4）禁止背信弃义的作战手段和方法。
2. 保护平民和战争受难者	**交战国要依法保护战时平民、伤病员及战俘的人身、财产及人格尊严**，战争停止后，战俘应立即予以释放并遣返，不得迟延。

【**练一练**】甲、乙两国因边境冲突引发战争，甲国军队俘获数十名乙国战俘。依《日内瓦公约》，关于战俘待遇，下列哪些选项是正确的？（2009-1-78）①

A. 乙国战俘应保有其被俘时所享有的民事权利

B. 战事停止后甲国可依乙国战俘的情形决定遣返或关押

C. 甲国不得将乙国战俘扣为人质

D. 甲国为使本国某地区免受乙国军事攻击，可在该地区安置乙国战俘

考点三：国际刑事法院

1. 成立	国际刑事法院依《国际刑事法院罗马规约》于2002年7月成立，法院所在地为荷兰海牙。	
2. 管辖权	（1）对事	①法院是对各国国内司法制度的补充，其管辖范围限于：**灭绝种族罪、战争罪、危害人类罪、侵略罪**等几大严重的国际罪行。 ②所管辖的犯罪限于发生在规约生效后的犯罪，即2002年7月之后。
	（2）对人	法院只追究个人的刑事责任，最高刑为无期徒刑。

① 【答案】AC